알아야 챙기는

주거복지상식

이 용 교

인간과복지

차례

공공임대주택

공공분양주택

주택금융

주택개량

머리말

인간이 살아가는데 꼭 필요한 필수품은 '의·식·주'입니다. 사람답게 살기 위해 몸을 가릴 수 있는 의복, 먹을 것, 잠을 잘 집이 필요합니다. 대한민국에서 '의·식'에 대한 복지는 상당한 수준이지만, '주거'복지는 빈약합니다. 정부는 '주거복지'를 우뚝 세우지 않았고, 국민도 '주거복지'를 적극 요구하지 않았습니다.

한국의 주거복지는 오랫동안 보호자가 없거나 있어도 보호받기 어려운 고아, 독거노인, 중증장애인 등을 사회복지시설에서 보호하는데 그쳤습니다. 1962년부터 보호가 필요한 국민에게 생계보호를 실시하였고, 이후 명목상 주거비를 책정했습니다. 주거복지가 크게 사회문제가 된 것은 1988년 서울올림픽을 앞두고 목동일대를 재개발하면서 임차인을 대책 없이 내몰 때 "임대아파트를 제공하라"는 세입자의 절박한 요구에 의해 '영구임대아파트'가 건립되면서부터입니다.

이후 국민주택, 공공임대주택, 매입임대주택, 행복주택 등 다양한 주거복지제도가 확충되었습니다. 각 제도마다 사업 내용이 다르고, 수급자 선정 기준이 다름에도 불구하고 시민이 쉽게 알 수 있는 '주거복지상식' 책이 없었습니다. 영구임대아파트 단지에 있는 사회복지관의 사회복지사도 다양한 주거복지제도를 체계적으로 이해하지 못해 시민의 주거욕구에 적절히 대응하지 못했습니다.

정부는 주거복지제도마다 소득과 자산기준 등 입주조건을 달리 설계하여 혼란을 키우고 있습니다. 이에 주거욕구가 큰 시민도 신청 자격과 절차를 잘 몰라 주거복지를 잘 활용하지 못하고 있습니다. 공공주택이 별로 없는 것이 문제이지만, 있는 공공주택도 실수요자를 만나지 못해 '빈집'으로 방치되는 경우가 적지 않습니다. 이에 필자는 '주거복지상식'을 집필하였습니다.

서울주택도시공사가 만든 '서울시주거복지센터 상담용 매뉴얼'을 참고하여 주거비지원, 위기가구 지원, 공공임대주택, 공공분양주택, 주택금융, 주택개량 등을 담았습니다. 책 말미에 시민이 꼭 알아야 '주거복지상식' 용어를 소개했습니다.

시민이 다양한 주거복지를 활용하려면 가구, 가구원, 소득인정액, 기준중위소득, 도시근로자 가구당 월평균소득, 자산기준, 무주택자 등의 낱말부터 알아야 합니다. 신청 기준과 가산점 등을 잘 알아야 공공주택을 신청하고 입주할 수 있습니다.

공공임대주택은 '영구임대주택'을 비롯하여 국민주택, 매입임대주택, 행복주택 등 매우 다양합니다. 주택의 유형마다 기초생활보장 수급자, 위기가구, 청년, 대학생, (예비)신혼부부, 다자녀가정, 노인, 장애인, 국가유공자 등에 대한 우대 조건이 다릅니다.

경제적으로 가난한 사람만 공공임대주택에 입주할 수 있는 것이 아닙니다. 영구임대주택은 기초생활보장 생계급여·의료급여 수급자가 주로 입주할 수 있지만, 어떤 공공임대주택은 2억 원 가량의 보증금을 낼 수 있는 가구가 입주합니다. 임대주택에는 월세가 많지만, 전세도 있고, 보증금을 적게 내면서 월세를 늘리거나 반대로 보증금을 올리면 월세를 적게 내는 것도 있습니다. 자신의 생애주기와 가구의 소득, 자산상황에 맞추어 주거복지를 잘 활용하면 삶의 질을 획기적으로 높일 수 있습니다.

이 책이 세상에 나오기까지는 주거복지 현장 선생님들의 관심과 검독과 자문이 있어 가능했습니다. 김선미 김혜미 박영심 박정엽 이원호 이정규 정성철 정재연 최창우 선생님께 진심으로 감사드립니다.

그리고 이 책에 있는 각종 정보와 자료는 2023년 5월 기준으로 정리된 것입니다. 최근 들어 주거복지 지원정책이 자주 변경되니, 주거 문제로 검토하는 당해 시점에 해당 기관이나 사이트에서 확인할 필요가 있음을 당부합니다.

오천만 국민이 '주거복지상식'을 읽고 잘 활용하기 바랍니다. 이 책이 귀하와 가족, 그리고 이웃의 '삶의 질'을 한 단계 높여주길 빕니다.

2023년 6월

이용교

꼭 알아야 할 10가지 주거복지상식

'주거복지상식'을 탈고하여 한 주거복지센터장에게 의견을 물었습니다. 답변은 간단했지만, 의미심장했습니다. "교수님, 애쓰셨습니다. 그런데요, 마이홈포털, 서울주거포털에 가면 정보가 어마어마하게 많지만, 시민들이 잘 접근하지 않습니다. 자기에게 딱 맞는 정보만 찾아보는 경향이 있습니다. 맞춤형으로 자격기준에서 신청방법, 입주까지 알기 쉽게 설명해주는 것이 중요합니다".

그래서 서울과 경기에서 20번 이상 이사하고, 내 집 마련을 한 필자의 경험을 살려 '꼭 알아야 할 10가지 주거복지상식'을 추가로 썼습니다. 자신과 가구의 상황에 맞게 활용하기 바랍니다.

1. '생애주기별 주거계획' 을 세우기 바랍니다.

자신의 나이, 가족상황, 소득, 재산, 주거상황 등을 보고 주거계획을 세우기 바랍니다. 월세, 전세, 공공분양, 민간분양, 주택매입 등에 대한 계획에 따라 실행방법이 다릅니다.

2. 부모와 따로 살면 '세대를 분리' 하기 바랍니다.

청년이 부모의 가구에 있으면 부모의 소득과 재산 때문에 공공주택을 신청하기 어렵습니다. 청년이 부모와 따로 살고 전입신고를 하여 '독립 세대주'가 되면 활용할 수 있는 주거복지가 많습니다.

3. 내 이름으로 '청약저축' 을 들기 바랍니다.

공공주택이나 민간주택에 청약하려면, 청약저축(주택청약종합저축)에 가입하고 납입한 횟수 혹은 납입한 금액이 많아야 우선순위가 됩니다. 매달 10만 원 이상을 자동이체 시키면 다른 저축보다 이자율도 좋습니다.

4. 청년, 대학생 등은 '청년주거정책' 을 활용하기 바랍니다.

19세 이상 청년, 대학생은 행복주택 등 활용 가능한 공공임대주택이 많습니다. 잘 찾으면 쾌적한 주택에서 싼 임대료로 살 수 있습니다. 청년은 승용차를 사지 말고, 꼭 필요하면 부모 승용차를 활용하기 바랍니다.

5. '신혼부부는 특례제도' 를 활용하기 바랍니다.

(예비)신혼부부는 행복주택에 쉽게 입주할 수 있습니다. 다른 사람보다 주거자금을 많이 빌리고, 금리가 싸며, 청약시에 가점이 있습니다. 자녀가 없는 신혼부부도 맞벌이는 대우받고, 자녀를 낳으면 거주기간을 늘릴 수 있습니다.

6. 마이홈포털, 서울주거포털에서 '나에게 맞는 주택정보를 찾고' 자가진단을 하기 바랍니다.

마이홈포털 등에서 다양한 공공임대주택의 유형별로 입주 조건을 알아보고, 청약 가점을 살펴서 나에게 꼭 맞는 주택을 찾기 바랍니다.

7. 한국토지주택공사 청약센터와 서울주택도시공사 홈페이지에 '로그인' 하여 '마이페이지' 를 만들기 바랍니다.

주택청약은 홈페이지나 앱에서 하기에 회원 가입하고 정보를 탐색하여 청약하기 바랍니다. LH와 SH에 '알림이 서비스'를 신청하면 나에게 맞는 주거정보를 실시간으로 받아 괜찮은 집을 찾기 쉽습니다.

8. 주거복지센터에서 '맞춤형 컨설팅' 을 받기 바랍니다.

주거복지센터에서 전문가에게 자신의 나이, 소득, 재산, 가족구성 등에 맞는 '맞춤형 주거상담'을 받고 실질적인 도움을 받기 바랍니다.

9. 주택 청약에서 가점을 저축하고, 감점을 조심하기 바랍니다.

나이, 소득, 재산, 가족구성, 자녀수, 자녀의 나이, 거주기간, 장애여부, 노인부양 등에서 다양한 가점이 있습니다. 가점을 잘 관리하고 감점을 받지 않도록 유의하기 바랍니다.

10. LH와 SH 홈페이지를 자주 검색하여, 원하는 공공주택을 청약하기 바랍니다.

공공주택은 청약한 사람만 당첨되기에 신청서를 작성하고 서류를 준비해 청약하기 바랍니다. 청약하여 살 집을 마련하고, 살면서 더 나은 집을 찾기 바랍니다. 갈아타야 더 좋은 집에서 살 수 있습니다.

마이홈포털 https://www.myhome.go.kr

'주거복지상식' 을 맞춤형으로 활용하기

모든 시민이 '주거복지상식'을 활용할 수 있습니다. 속담에 "부뚜막에 있는 소금도 넣어야 짜다"고 하는데, 주거복지상식을 어떻게 활용할 것인가? 모든 시민은 나이, 가구구성, 소득, 재산 등을 고려하여 자신에게 적합한 방식으로 활용하기 바랍니다.

1. 아동양육시설 퇴소 청소년이 공공임대주택을 활용하는 방법

아동양육시설에서 사는 아동은 만 18세가 되면 퇴소하여 자립생활을 하게 됩니다. 시설에서 나오는 순간 아동(청소년)은 스스로 의식주를 해결해야 합니다. 정부가 퇴소 후 5년까지 월 40만원씩 자립수당을 주지만, 원룸 등에서 살다보면 주거비를 포함한 생활비가 적지 않아 저축하여 내 집 마련을 한다는 것은 쉽지 않습니다.

그런데, 아동양육시설에서 퇴소하기 전에 자립전담요원과 상담하여 '토지주택공사 유스타트상담센터(콜센터 1670-2288)'에 주거지원을 요청하면, 보호종료 아동(청소년)은 개별 상황에 맞게 주거지원을 받을 수 있습니다.

토지주택공사의 주거지원은 아동양육시설을 퇴소한 청소년뿐만 아니라 공동생활가정 퇴소자, 가정위탁보호 종료자도 받을 수 있습니다. 퇴소자(19세 이상)가 자신이 살고 싶은 집을 찾으면 토지주택공사에서 집주인과 전세계약을 하는 기존주택 전세임대제도를 활용할 수 있습니다. 또한,

기존주택 매입임대주택에는 만 18세 이상 보호종료 아동(청소년)이 우선 입주할 수 있습니다.

많은 아동양육시설에서 퇴소 청(소)년을 위해 토지주택공사의 전세임대 제도를 권장하는데, 더 좋은 방법은 대학교에 입학하여 국가장학금으로 다니는 것입니다. 학생은 근로의무가 없기에 기초생활보장제도의 생계급여, 의료급여, 주거급여 등을 받을 수 있습니다. 아르바이트로 소득을 벌더라도 소득평가액이 낮아 졸업할 때까지 수급자 지위를 유지할 수 있습니다.

대학교에 다니면서 대학생이나 청년이 입주할 수 있는 행복주택이나 사회주택 등에서 살면 입주자들과 교류할 수 있습니다. 주거비만 생각하면 매입·전세임대주택이 좋지만, 대학교 진학으로 역량을 키우고 사회적 관계망을 고려하면 행복주택이나 사회주택이 적절한 선택입니다. 대학교 졸업 후 직장 생활을 하면서 저축하여 보증금을 높이고 월세를 줄이면 '내 집 마련'이 훨씬 쉬울 것입니다.

2. 대학생이나 청년이 공공임대주택에서 싸게 사는 방법

대학생이나 청년은 행복주택, 사회주택 등을 신청하는 것이 좋습니다. 원룸보다 훨씬 좋은 집에서 낮은 주거비로 살 수 있습니다. 지역마다 다르지만 원룸 월임대료가 35~40만 원이고 여기에 전기요금 등 관리비를 포함하면 월 주거비가 50만 원 내외입니다.

대학생이나 청년이 행복주택 26형(주거전용면적 7.88평, 주거공용면적 포함시 12평 내외)에 살면 임차보증금 3,100만 원에 월임대료 6.3만 원, 관리비 10만 원 내외로 월주거비 20만 원으로 넓은 집에서 살 수 있습니다.

행복주택은 보증금이 원룸보다 많지만, 보증금을 낮추고 월임대료를 올리는 방법도 있습니다. 일반적으로 원룸은 현관문을 열고 들어가면 작은 화장실·욕실이 있고, 주방·침실을 함께 사용하여 주거의 질이 낮습니다. 26형은 현관문을 열고 들어가면 화장실·욕실이 있고, 별도로 주방이 있고, 넓은 거실·침실, 발코니가 있어서 주거의 질을 높여줍니다.

실례로 광주대학교 기숙사 앞에 있는 행복주택은 입주 초기에 상당기간동안 빈집이 있었습니다. 대학생들은 교문 앞에 있는 원룸을 35만원씩 주고 계약하였지만, 월 임대료가 10만원도 되지 않는 '행복주택의 입주방법'을 잘 알지 못했습니다.

역세권청년주택, 사회주택, 사회적 주택 등은 대학생과 청년이 우선 입주할 수 있습니다. 이러한 주택은 당사자가 자동차를 소유하면 '입주 대상'에서 제외됩니다. 가급적 차량 구입을 미루고, 꼭 필요하면 부모 명의의 차량을 활용하는 것도 한 방법입니다.

3. 미혼모(부)나 한부모가족이 공공임대주택을 활용하는 방법

어린 자녀를 키우는 미혼모(부)나 18세 미만 자녀를 가진 한부모가구는 공공임대주택을 적극 활용하기 바랍니다. 한부모(미혼부모 포함)가구가 '복지로'나 행정복지센터에 기초생활보장 수급자를 신청하면, 소득인정액이 기준 중위소득의 30% 이하면 생계급여 수급자, 40% 이하면 의료급여 수급자, 47% 이하면 주거급여 수급자로 선정될 수 있습니다. 한부모가구가 생계급여를 신청하면 해당 가구의 소득과 재산상황만 보고, 부양의무자를 사실상 보지 않습니다.

기초생활보장 생계급여 혹은 의료급여 수급자가 되면 매입임대주택이나 전세임대주택에 우선 입주할 수 있습니다. 매입임대주택의 임차인은 시세의 30% 수준으로 20년까지, 전세임대주택도 조건만 맞으면 20년까지 살 수 있습니다.

매입임대주택과 전세임대주택의 1순위는 기초생활보장 생계급여 수급자, 의료급여 수급자, 보호대상 한부모가족입니다. 임신, 출산, 영유아자녀(24개월 이하) 양육 등으로 소득을 상실하여 생계가 곤란한 경우는 긴급복지지원법상 '위기상황'으로 우선입주 대상입니다. 18세 미만 자녀를 키우면서 최저주거기준에 미달하는 집에서 사는 보호대상 한부모가족도 우선 입주할 수 있습니다. 정부로부터 주거급여를 받아 월임대료를 해결할 수도 있습니다.

신청방법은 토지주택공사 홈페이지에서 LH청약센터를 클릭하고, 매입임대·전세임대를 클릭하여, 공고개요를 읽고 필요한 서류를 확인하고 내려받아, 원하는 지역에 청약신청하면 됩니다. 온라인으로 서류작성은 유튜브를 보면서 따라하기를 하면 쉽게 할 수 있습니다. 다른 공공임대주택의 신청도 같은 방식으로 하면 됩니다.

혹 궁금한 사항이 있으면 주거복지센터 등을 방문하거나 전화상담하기 바랍니다. 매입임대, 전세임대는 물량이 상당히 많아서 우선입주 대상은 보다 쉽게 입주할 수 있습니다. 원하는 지역에 신청하고, 도움이 필요하면 주거복지센터에 요청하기 바랍니다.

4. 신혼부부나 예비신혼부부가 공공임대주택을 활용하는 방법

신혼부부 혹은 예비 신혼부부는 공공임대주택을 다른 가구보다 매우 좋은 조건으로 입주할 수 있습니다. 모든 공공임대주택에 입주하거나 공공주택을 분양받으려면 가구의 소득, 재산, 가구상황 등을 봅니다.

신혼부부 혹은 예비 신혼부부는 입주할 수 있는 공공주택의 물량이 많고(특별공급), 각종 배점에서 가점을 받을 수 있습니다. 혼인신고 기준으로 7년 이내는 신혼부부이고, 혼인을 계획 중이며 해당 주택의 입주 전까지 혼인사실을 증명할 수 있는 사람은 예비신혼부부입니다. 결혼을 한 사람은 7년 이내에 신혼부부의 이점을 최대한 활용하고, 예비 신혼부부도 이를 활용하는 것이 이익입니다.

(예비)신혼부부는 다른 가구보다 소득기준과 재산기준에서 우대를 받아 입주할 기회가 넓습니다. 공공주택의 종류에 따라 기준소득의 50%, 70%, 100%, 120%, 140%, 150% 등을 적용받는데, (예비)신혼부부는 일반가구가 기준소득의 100% 적용받을 때 120%를 적용받고, 맞벌이 신혼부부는 140%를 적용받는 방식입니다. (예비)신혼부부는 2명이 살아도 '맞벌이 우대'를 적용받으면 상당한 소득이 있어도 공공임대주택에 입주할 수 있습니다.

(예비)신혼부부는 자녀를 출산하면 거주 기간을 연장할 수도 있습니다. 행복주택의 경우 신혼부부는 무자녀면 6년이고 1명 이상의 자녀가 있으면 10년까지 살 수 있습니다. 자녀가 있으면 입주자 선정시에 가점이 있고, 입주기간도 연장시킬 수 있습니다.

5. 신혼부부나 예비신혼부부가 공공주택을 분양받는 방법

일반적으로 주택 가격은 공공주택의 분양이 가장 싸고, 다음은 민영주택의 분양이며, 민영주택의 매매는 비싼 편입니다. (예비)신혼부부는 국민주택 규모(주거전용면적 85m^2 이하) 이하의 공공주택을 '특별공급'의 1순위로 분양받을 수 있습니다. 신혼부부 특별공급은 혼인기간 중 자녀를 출산(입양 포함)하여 미성년 자녀가 있는 신혼부부, 6세 이하 자녀를 둔 한부모가족이 1순위이고, 예비신혼부부, 1순위에 해당되지 않는 신혼부부가 2순위입니다.

공공임대주택에서 사는 신혼부부가 자녀를 출산한 후에 '생애최초 특별공급'을 활용하여 공공주택을 '공공분양'으로 받는다면, 가장 경제적인 방법으로 '내 집 마련'을 할 수 있습니다. 5년 혹은 10년간 임대를 한 후에 입주한 임차인에게 우선 분양하는 주택에 거주하면 손쉽게 분양받을 수도 있습니다.

(예비)신혼부부는 육아와 보육을 특화하여 건설하고, 전량을 신혼부부에게 공급하는 신혼희망타운에 입주할 수 있습니다. 예컨대, 서울시 1년 이상 거주하고 혼인기간이 7년 이내인 신혼부부가 무주택세대구성원으로 청약저축에 가입하여 6회 이상 납입한 세대주는 '수서지역 희망타운'에 신청하여 입주할 수 있었습니다.

주택을 분양받으면 웃돈이 형성되는 상황에서 공공주택을 분양받는 것은 경제적으로 큰 이익입니다. 공공주택을 분양받기 위해서는 '무주택세대구성원'의 지위를 유지하고, 자녀를 출산하며, 청약저축에 가입하여 성실하게 내는 것이 중요합니다. 공공주택의 분양에서 가점을 얻고 감점을 받지 않기 위해 신경을 써야 합니다.

6. 직장인이 공공임대주택에 살다가 내 집을 마련하는 방법

공공임대주택이 시세에 비교하여 경제적이지만, 공공임대주택은 최대 거주 기간에 제한을 두는 경우가 많습니다. 대부분의 입주자는 2년 단위로 재계약을 해야 하고, 소득기준과 재산기준을 충족시키지 못하면 재계약을 할 수 없는 경우도 있습니다.

청년, 사회초년생 등은 임대보증금이 적고 월임대료가 싼 주택에서 살다, 재계약시에 보증금을 올려주고 월임대료를 줄이는 방식으로 자산을 형성해야 합니다. 이들은 임대주택에서 살다 공공주택이나 민영주택을 분양받아서 이사하는 것이 바람직합니다.

일정 수준 이상의 소득과 재산이 있는 가구는 공공임대주택에서 더 이상 살 수 없고, 토지와 주택 등 부동산 가격의 상승률이 은행금리보다 높은 상황에서 주택담보대출을 받아 내 집을 마련하는 것도 좋습니다. 자산이 형성되면 작은 집이라도 분양받고, 장차 더 큰 집으로 갈아타는 것이 합리적입니다. 주택가격은 경기를 타기에 적절한 시점에 매입하거나 매도하면 차익을 남길 수도 있습니다.

민영주택도 입주자 선정시에 순위가 있고, 같은 순위에서도 가점이 다르기에 청약저축의 가입과 월 납입금을 성실하게 납부하는 등 점수를 잘 관리해야 합니다.

7. 비주택에서 사는 시민이 공공임대주택에 입주하는 방법

가구 소득과 재산이 낮으면 복지로나 행정복지센터에 주거급여 수급자를 신청하여 선정되면, 매달 주거급여를 받을 수 있습니다. 주거급여 수급자는 부양의무자 기준이 없기에 해당 가구의 소득과 재산만 낮으면 선정될 수 있습니다. 주거급여의 기준임대료는 거주지역과 가구원수에 따라 다른데, 서울에 살고 가구원수가 많을수록 높습니다. 실제 임대료가 기준임대료보다 낮으면 실제만큼 지원받고, 기준보다 높으면 기준까지만 지원받을 수 있습니다.

쪽방, 고시원, 여인숙, 비닐하우스, 노숙인시설, 컨테이너, 움막, PC방, 만화방 등에서 3개월 이상 거주자, 반지하에서 사는 최저주거기준 미달 가구 등은 '비주택거주자 주거상향사업'을 받을 수 있습니다.

이들이 행정복지센터에서 공공임대주택에 입주를 희망하면 이주하고 정착하는 전과정을 지원받을 수 있습니다. 주거복지센터나 LH이주지원 119센터가 주택물색·서류작성 등을 현장 지원하고, 이주에 필요한 보증금·이사비·생활집기와 이주 후 일자리·돌봄까지 지원합니다. 지하방, 옥탑방, 고시원 등 열악한 주거환경에서 사는 사람은 거주지 행정복지센터에서 주거급여와, 공공임대주택을 신청하기 바랍니다.

8. 가정폭력피해자나 학대받은 노인이 공공임대주택에 입주하는 방법

가정폭력피해자나 학대받은 노인도 공공임대주택을 활용할 수 있습니다. 남편으로부터 지속적으로 학대 받는 아내는 따로 살고 싶어도 거처가 없어 집을 나오지 못합니다. 가정폭력 피해자는 1366에 전화하거나 가정폭력피해자상담소를 통해 도움을 요청하고, 경찰에 신고하면 일정 기간 가해자의 접근금지처분도 받을 수 있습니다.

가정폭력 피해자가 가해자로부터 해방되는 효과적인 방법은 주거를 달리하는 것입니다. 피해자가 폭력이 일어날 때 1366으로 전화하고, 상담을 거쳐 피해자쉼터에 입주하여, 주거급여를 신청하면 됩니다. 가정폭력상담소나 쉼터가 소개한 주거에서 살면서 공공임대주택을 신청하면 위기가구로 선정되어 우선 입주할 수 있습니다.

주로 아들이나 딸(혹은 며느리나 사위)과 함께 살면서 학대받는 노인도

노인보호전문기관에 신고하면, 쉼터에서 일정기간 살 수 있습니다. 이때 주거급여를 신청하면 당사자의 소득과 재산만으로 수급자로 선정될 수 있습니다. 학대피해자는 위기가구이고 공공임대주택에 우선입주 대상입니다. 가정폭력이나 노인학대는 함께 사는 가족에 의해 지속적으로 이루어지는 경향이 있기에 주거를 분리하면 폭력을 줄이고 피해자를 보호할 수 있습니다.

9. 소득과 자산이 상당한 국민이 공공임대주택에서 사는 방법

영구임대아파트는 기초생활보장 생계급여 수급자와 같이 아주 가난한 사람이 입주하였습니다. 공공임대주택의 종류는 다양화되었고, 일부 공공임대주택은 상당한 소득과 재산이 있는 사람도 입주할 수 있습니다. 국민임대주택은 '무주택세대구성원이면서 소득기준은 도시근로자 월평균소득의 50% 이하, 70% 이하, 100% 이하 집단으로 나뉘고, 총자산가액이 361백만 원 이하'일 때 입주할 수 있습니다. 노인, 등록장애인, 국가유공자로서 상이등급을 받은 사람 등이 우선 공급을 받고, 남은 세대에는 노부모부양자, 장기복무 제대군인, 중소기업 근로자, 비정규직 근로자, 다자녀가구 등도 입주할 수 있습니다.

또한, 장기전세주택은 중산층이 주변 전세 시세의 80% 이하로 최장 20년까지(2년마다 재계약) 거주 가능한 장기임대아파트입니다. 현재 서울특별시에 거주하는 성년자인 무주택세대구성원으로서 유형별 소득, 부동산, 자동차 기준과 기타 관련법에서 정한 요건을 충족한 사람이 신청할 수 있습니다.

공공임대주택은 지역에 따라 수요와 공급의 편차가 크고, 상당기간 공실이 되면 최소한의 조건만 갖추면 입주할 수 있습니다. 입주할 때 조건은 까다롭지만, 재계약을 할 때에는 무주택 등 최소 조건만 보고, 소득과 재산기준을 넘기더라도 임대료만 더 내면 오랫동안 살 수도 있습니다.

10. 사회복지시설 퇴소 장애인이 공공주택에서 생활하는 방법

장애인복지시설에서 퇴소하여 자립생활을 원하는 사람은 지원주택을 활용할 수 있습니다. 지원주택은 신체적 또는 정신적 문제로 자립생활을 유지하기 위해 지원이 필요한 이들을 위하여 임대주택 공급시 개인별 맞춤형 주거유지지원서비스를 함께 제공하는 주택입니다. 주거유지지원서비스에는 사회복지서비스지원, 의료와 건강관리지원, 취업상담과 자립지원, 지역사회 연계, 기타 각종 지원서비스가 있습니다. 임대보증금과 임대료는 시세의 30% 수준입니다.

만 19세 이상인 무주택세대구성원 1인 가구 혹은 시설에 거주하는 등록장애인, 노숙인, 정신질환자, 노인이 우선 입주할 수 있습니다. 장애인복지시설에서 산 사람이 2억 원이 넘는 재산을 갖는 경우는 거의 없기에 쉽게 입주할 수 있습니다. 한번 입주하면 2년 단위로 20년간 살 수도 있습니다.

정부는 홀몸 어르신, 노인가구, 휠체어 사용자, 만성질환관리제도 대상자 등 주거복지 욕구가 큰 사람이 보다 편리하게 생활할 수 있도록 건설한 수요자 맞춤형 공공임대주택을 확대하고 있습니다. 살고 있는 지역에 이러한 주택이 있다면 적극 활용하기 바랍니다.

서울주거포털 **https://housing.seoul.go.kr**

국민기초생활보장제도의 주거급여

가구 소득인정액이 기준 중위소득의 47% 이하인 사람이 '복지로' 홈페이지나 읍·면·동 행정복지센터에 주거급여를 신청하면 수급자로 선정되어 표준월세와 주택수선비 등을 받을 수 있습니다. 주거급여는 부양의무자 기준이 없기에 소득과 재산이 낮은 가구는 신청하면 받을 수 있습니다.

주거급여는 국민기초생활보장 주거급여 수급자와 생계급여 수급자 그리고 의료급여 수급자가 받을 수 있습니다. 즉 대체로 생계급여 수급자는 생계급여+의료급여+주거급여+교육급여를 받고, 의료급여 수급자는 생계급여는 받을 수 없지만 의료급여+주거급여+교육급여를 받을 수 있습니다. 또한, 주거급여 수급자는 주거급여와 교육급여를 받고, 교육급여 수급자는 교육급여만 받을 수 있습니다.

따라서 가구 소득인정액이 기준 중위소득의 47% 이하인 사람은 복지로나 행정복지센터에 주거급여 수급자로 신청하기 바랍니다. **가구 소득인정액**은 소득평가액에 재산의 소득환산액을 합친 금액입니다. **소득평가액**은 세대주와 세대원이 번 모든 근로소득, 사업소득, 재산소득, 이전소득을 합친 금액 중 일부를 공제한 금액입니다. 근로소득과 사업소득은 세금이나 사회보험료를 공제하기 전 소득에서 30%를 공제하여 소득평가액으로 산출됩니다. 시민이 복지로 등에 신청하면 담당공무원은 사회보장통합정보시스템으로 소득인정액을 계산합니다.

국민기초생활보장 수급자를 신청한 사람이 잘 납득하지 못한 것이 '**재산의 소득환산액**'입니다. 재산은 크게 일반재산(그중 일부는 주거용 일반재산), 금융재산, 승용차로 나뉘고, 각기 재산은 특정 비율을 곱해 소득으로 환산됩니다. **일반재산**은 주택, 토지, 전세보증금 등을 합한 것에서 일정액(서울 9,900만원, 경기 8,000만원, 광역 7,700만원, 그 외 지역 5,300만원)을 공제하고 남은 금액에 월 4.17%(연 50.0%)를 곱해 소득환산액이 산출됩니다. **주거용 일반재산**일 경우에는 일정액(서울 17,200만원, 경기 15,100만원, 광역 14,600만원, 그 외 지역 11,200만원) 범위에서 1/4(1.04%, 연 12.5%)를 계산합니다. 은행 예금, 보험 등은 **금융재산**이고 그중 생활준비금 500만원을 공제한 후 나머지 금액에 월 6.26%(연 75.0%)를 곱한 금액이 재산의 소득환산액입니다. **승용차**는 보험회사에서 인정하는 차량 가격에 월 100.0%(연 1200%)를 계산합니다. 승용차 차량가격이 500만원이면 매월 500만원의 소득환산액이 계산되어 수급자로 선정되기 어렵습니다. 단, 10년 이상 된 경차, 등록장애인이 쓰는 차량, 생업을 위한 차량은 '일반재산'으로 간주됩니다. 같은 승용차라도 누가 어떤 목적으로 소유하느냐에 따라 소득환산액이 크게 다릅니다. 500만원인 승용차는 월 소득 500만원(승용) 혹은 208,500원(생업용)으로 간주됩니다.

소득인정액(매년 달라짐)이 기준 중위소득의 47% 이하인 사람이 복지로 등에 신청하면 주거급여 수급자로 선정될 수 있습니다. 2023년 기준 **중위소득**은 1인 가구 207만7892원, 2인 가구 345만6155원, 3인 가구 443만4816원, 4인 가구 540만0964원 등입니다(기준 중위소득은 매년 인상되는 경향이 있음). 가구 소득인정액이 기준 중위소득의 47%(1인 가구 97만6609원, 2인 가구 162만4393원, 3인 가구 208만4364원, 4인 가구 253만8453원 이하)인 사람이 신청하면 주거급여를 받을 수 있습니다.

주거급여의 액수는 사는 지역과 가구원수에 따라 달라집니다. 서울, 경기·인천, 광역시·세종시, 그 외 지역으로 나뉩니다. 가구원수가 1인일 때보다 2인, 3인, 4인 이상으로 늘어나면 더 많이 받습니다. 2023년 주거급여의 액수는 1인 가구 최대 급여는 서울(1급지) 33.0만 원, 경기·인천(2급지) 25.5만 원, 광역시·세종시·수도권외 특례시(3급지) 20.3만 원, 그 외 지역(4급지) 16.4만 원입니다. 2인 가구 최대 급여는 각각 37.0만 원, 28.5만 원, 22.6만 원, 18.5만 원이고, 3인 가구 최대 급여는 44.1만 원, 34.1만 원, 27.0만 원, 22.0만 원이며, 4인 가구 최대 급여는 51.0만 원, 39.4만 원, 31.3만 원, 25.6만 원입니다. 5인 가구 이상은 그 금액이 증액됩니다. 주거급여의 액수는 매년 조금씩 인상되는 경향이 있습니다.

서울에 사는 1인 가구가 월세 40만 원에 산다면 최대 33만 원을 정부에서 받고, 나머지 7만 원은 본인이 부담해야 합니다. 실제로 받는 주거급여액은 가구 소득인정액이 생계급여 수급자 선정기준 이하이면 최대액을 받고, 소득인정액이 중위소득의 30%를 초과하면 감액하여 받을 수 있습니다. 2021년부터 주거급여 수급자는 자녀가 학업 등의 이유로 주거를 별도로 하면 자녀의 주거급여를 추가로 받을 수 있습니다.

주거급여는 자격이 되어도 신청하지 않으면 받을 수 없습니다. 정부는 신청한 사람 중 요건을 갖춘 사람에게 주거급여를 줍니다. 지옥고(지하방, 옥탑방, 고시원)에서 살거나 원룸에서 사는데 소득인정액이 낮은 사람은 일단 주거급여를 신청하기 바랍니다. 혹 자신의 집이 있더라도 재산 가치(재산의 소득환산액)가 그리 높지 않다면 주거급여를 신청하기 바랍니다. 큰 재산이 없고 오로지 근로소득과 사업소득밖에 없는 경우에 1인 가구는

139만5156원, 2인 가구는 232만0561원, 3인 가구는 297만7662원, 4인 가구는 362만6362원 이하일 때 신청하면 주거급여 수급자가 될 수도 있습니다.

소득인정액은 실제 근로소득과 사업소득과는 다른 개념입니다. 1인 가구의 기준 중위소득이 207만7892원이고, 그것의 47%는 97만6609원이지만, 근로소득과 사업소득은 30%를 공제한 후에 소득평가액으로 계산하기에 139만5156원 이하인 사람이 신청하면 주거급여를 받을 수 있습니다.

많은 국민은 국민기초생활보장제도의 소득인정액이 어떻게 산출되었는지를 잘 모릅니다. 소득인정액에서 공제받을 수 있는 시간외 근로 '수당' 등을 증빙하고, 근로소득과 사업소득에서 30%를 추가로 공제받으면 근로소득과 사업소득이 상당한 사람도 수급자가 될 수 있습니다.

그런데, 자신의 소득인정액을 정확히 계산할 줄 아는 사람이 거의 없습니다. 그 이유는 소득인정액이란 '낱말'은 같은데, 기초생활보장 생계급여 수급자를 선정할 때와 의료급여 수급자를 선정할 때 계산 방식이 다릅니다. 기초연금의 소득인정액은 기초생활보장의 그것과 크게 다르고, 위기가구가 긴급복지지원을 받을 때에는 소득, 금융재산, 금융재산을 포함한 전체 재산기준이 각기 적용됩니다. 결국 특정 가구의 소득인정액은 해당 복지급여를 신청할 때만 담당공무원이 사회보장통합정보시스템을 통해 알 수 있습니다. 따라서 주거급여를 받을 수 있을 것으로 짐작되는 사람은 일단 복지로 홈페이지나 행정복지센터에 신청하기 바랍니다.

주거급여의 신청은 당사자가 복지로 홈페이지나, 스마트폰으로 복지로 앱에서 신청할 것을 권장합니다. 본인인증을 하고 주소, 가족관계, 소득, 재산 등을 기록한 후에 [신청하기]를 누르면 됩니다. 근로소득이나 사업소득이 있다면 급여명세서, 셋집에서 산다면 임대차계약서(확정일자를 받아두기 바람) 등을 준비하기 바랍니다. 주거급여 수급자로 한번 선정되면 꾸준히 받고, 소득과 재산에 변동이 생기면 급여액이 달라질 수도 있습니다.

주거급여 수급자가 되면 매달 주거급여를 받을 뿐만 아니라, 공공임대주택에 우선 입주할 수 있고, 내 집이 있는 사람은 주택 수선비 등을 받을 수 있습니다. 대부분의 복지급여는 신청한 사람만 받을 수 있기에 당사자나 가족이 신청하는 것이 가장 중요합니다.

복지로 http://www.bokjiro.go.kr
보조금24 https://www.gov.kr

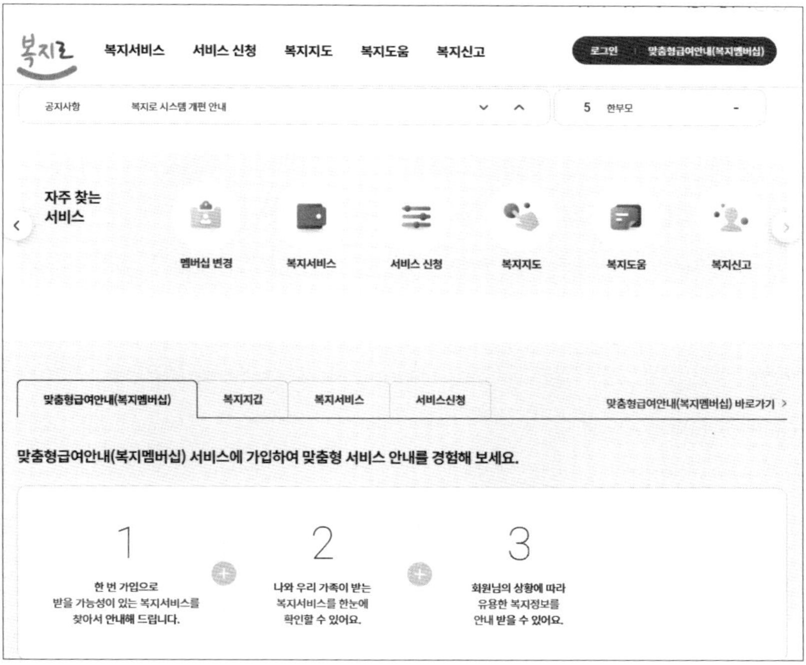

서울형 주택바우처

서울형 주택바우처는 국민기초생활보장 수급자(생계급여, 의료급여, 주거급여 수급자만 포함)와 공공임대주택(국민임대, 전세임대, 재개발임대, 다가구매입임대 등)에 거주하지 않는 사람 중 '주거급여 비수급자'인 저소득층의 주거비 부담을 경감시켜주는 제도입니다. 서울형 주택바우처는 일반바우처와 특정바우처 그리고 반지하 거주가구 이전 지원으로 나뉩니다.

지원대상은 일반바우처는 3가지 조건, 특정바우처는 5가지 조건을 갖추어야 합니다. 첫째, 민간(보증부)월세와 고시원 거주자입니다. 주택법상 주택과 준주택중 다중생활시설(고시원)이고, 주택에 부속된 옥탑방과 지하방도 포함됩니다. 고시원을 제외한 근린생활시설은 지원을 해주지 않습니다. 둘째, 임대보증금(전세전환가액 기준)이 11,000만 원 이하인 가구입니다. 전세전환가액은 월임차료에 75만 원을 곱하고 임대보증금을 합한 금액입니다. 셋째, 가구 소득평가액이 기준 중위소득의 60% 이하인 가구입니다. 넷째, 재산가액(일반재산+금융재산+자동차-부채)이 16,000만원 이하 가구입니다. 다섯째, 신청일로부터 최근 1년 이내에 서울시내(또는 서울시 지원) 쪽방(3개월 이상 거주자) 혹은 사회복지시설에서 퇴거한 자입니다. 사회복지시설은 보건복지부 사회복지시설 종류 기준을 따르며, 서울시가 운영하는 장애인 자립생활주택과 아동자립형 그룹홈도 포함됩니다.

(아동)특정바우처를 받으려면 위의 조건을 갖추고 만 18세 미만 아동이

있는 경우입니다.

2022년 8월 9일에 폭우로 피해를 받은 반지하 거주 가구에게 '반지하 거주 가구 이주 지원'이 추가되었습니다. 당시 반지하 주택에 거주하며 8월 10일 이후 지상층으로 이주하는 가구를 지원합니다. 반지하 가구중 침수 우려가 있거나 중증 장애 거주 가구를 우선 지원합니다. 지원대상은 전년도 도시근로자 가구당 월평균소득 100% 이하로 일반바우처의 지원대상 보다 소득기준이 높습니다.

지원가구에 포함되는 사람은 세대별 주민등록표에 기재된 사람으로서 생계와 주거를 같이 하는 자입니다. 동거인은 제외되지만, 2촌 이내 혈족(조부모, 손자녀, 형제자매 등)은 포함됩니다. 다만, 현역군인 등은 제외되고, 공익근무요원(사회복무요원) 등은 포함됩니다. 함께 거주하는 가구원이 주거급여를 받으면 지원대상이 아니지만, 함께 사는 한부모가구만 별도가구로 인정하여 지원받을 수도 있습니다.

지원금액은 가구원수에 따라 달라, 일반바우처는 1인~2인 가구 월 12만원, 3인이상 가구 15만원으로 1년 단위 지원이고 1년 연장될 수 있습니다. (아동)특정바우처는 일반바우처를 받는 가구에 아동 1인당 월 4만원이 추가 지원됩니다. '반지하 거주 가구 이주 지원'은 월 최대 20만원, 최장 24개월입니다.

주택바우처를 받고 싶은 해당 가구 세대주와 가구원은 행정복지센터에 신청할 수 있습니다. 신청서류와 정보이용동의서, 증빙서류(임대차계약서, 고시원 거주자는 '고시원 입실 확인서 및 영수증, 고시원 사업자등록증 등')를 제출하면 됩니다.

서류를 제출하면 행정복지센터에서 공적자료를 조회하여 수급자 여부를 결정합니다. 가족관계증명서, 건강보험료 납입증명서, 근로소득원천징수 및 기타 소득확인서 등을 요구할 수 있습니다. 쪽방이나 사회복지시설 퇴거자는 거주사실 확인서, 퇴소시설 확인에 필요한 증빙 서류 등을 추가로 요구할 수 있습니다.

신청서와 구비서류가 모두 제출된 때를 접수일로 하고 지원결정시 접수일이 속한 달부터 지원합니다. 접수 후 30일 이내에 주택바우처 실시 여부를 결정하고, 사정에 따라 60일 이내 연장할 수 있습니다.

주택바우처를 받는 사람이 지원 자격요건을 상실하거나, 다른 시·도로 이주한 때, 3개월 이상 월세를 연체한 경우 등에 바우처가 중단될 수도 있습니다. 월세의 연체로 중단된 경우에는 대상자가 임대인에게 연체된 월세 중 주택바우처 지급액을 지급한 경우에는 재개할 수 있습니다.

주택바우처는 주택소유자의 계좌로 입금되고, 필요한 경우에 바우처 지원대상자 계좌로 매월 25일에 지급될 수 있습니다. 문의는 서울특별시 다산콜센터로 할 수 있습니다.

서울청년월세지원사업

서울청년월세지원사업은 서울 청년이 보다 나은 주거환경 확보로 삶의 질을 높이고 주거비 부담을 완화하여 생애 다음 단계로 성장하도록 지원하는 사업입니다. 청년에게 월세지원을 계기로 향후 내 집 마련, 결혼, 출산, 양육을 지원하려는 것입니다.

지원대상은 서울 거주 청년(만19세~39세) 1인 가구의 소득이 기준 중위소득의 150% 이하일 때입니다. 서울특별시는 2020년에 5천 명을 지원하고, 2021년에 2만 명, 2022년에 2만 명, 2023년에 2만5천 명을 지원할 계획입니다.

서울주거포털에서 온라인으로만 접수합니다. 신청 조건은 공고일 현재 연령, 주거요건, 소득요건 등 세 가지를 모두 갖춘 경우입니다. 첫째, 만 19세에서 39세 이하인 청년입니다(선정된 이후에 연령 초과는 무방). 둘째, 임차보증금 5천만 원 이하 및 월세 60만 원 이하 민간 건물에 거주하는 무주택자입니다. 임차계약서 기준 임차인이 신청인과 동일하고 임차건물 소재지에 주민등록이 되어있어야 합니다. 주택과 비주택(고시원) 모두 지원합니다. 임차보증금이 있는 전세·월세는 가능하지만, 임차보증금만 있고 월세가 없는 경우(전세)는 신청할 수 없습니다. 셋째, 가구 소득이 기준 중위소득의 150% 이하인 사람입니다. 신청인이 속한 가구의 건강보험료 부과액을 기준으로 하고, 신청인이 피부양자(부모의 건강보험)인 경우에는 부양자의 건강보험료를 기준으로 합니다.

위의 3가지 조건을 모두 갖추어도 다음에 해당되면 지원받을 수 없습니다. 주택소유자이거나 분양권 또는 입주권이 있는 사람, 일반재산 총액 1억 원을 초과한 사람, 차량시가 표준액 2,500만 원 이상의 자동차를 소유한 사람, 국민기초생활보장의 생계·의료·주거급여 수급자(단, 교육급여 수급자는 신청 가능), 서울시 청년수당을 받는 사람, 정부와 서울시의 공공주거지원(서울형 주택바우처, 공공주택 거주자, 공공 전월세자금 금융지원사업)을 받는 사람, 임대인이 신청인의 부모인 경우입니다. 주거급여 등 다른 주거복지를 받는 사람에게는 이중 지원을 하지 않습니다.

제출해야 할 서류는 확정일자가 날인된 임대차계약서 사본 1부(고시원은 입실확인서 등으로 대체), 가족관계증명서 1부(전자가족관계등록시스템을 활용하여 발급 요망), 본인신용정보조회서 1부(크레딧포유에서 발급)입니다. 실직·소득감소자중 실직자는 고용보험자격 이력서, 무급휴직자는 고용보험 증명서, 월소득이 25% 이상 감소자는 용역계약서, 매출감소 확인서 등으로 증빙할 수 있습니다. 신청자가 많을 경우에는 임차보증금, 차량시가표준액을 합산하여 낮은 금액순으로 순위별로 선발합니다.

지원내용은 월 20만 원까지 최대 10개월간 200만 원까지 지원합니다. 임대료는 실제 임대료의 범위에서 지원합니다. 이 지원사업은 생애 한번만 받을 수 있습니다. 지원금액은 신청인의 계좌로 입금되는데, 신청인은 매달 월세 계좌이체증 사본을 첨부하여 급여 청구를 하여야 합니다.

자세한 사항은 서울주거포털, 다산콜센터 120, 청년월세지원상담센터 등에 문의하기 바랍니다.

서울주거포털 https://housing.seoul.go.kr

서울형 임차보증금 지원사업

서울형 임차보증금 지원사업은 서울시 내 거주하는 주거위기 취약계층 가구의 세대주(기준 중위소득의 120% 이하)에게 주거비(임차보증금) 600만원까지를 지원하는 것입니다.

가구원의 수에 따라 기준 중위소득이 다르기에 가구원수를 확정 짓는 것이 중요합니다. 가구원의 수는 세대별 주민등록표에 기재된 사람으로 대상자와 생계와 주거를 같이 하는 배우자, 2촌 이내의 직계존비속과 그 배우자입니다.

해당 가구의 소득수준은 당해연도 **건강보험료** 본인부담금으로 기준 중위소득 120% 이하의 사람으로 정합니다. 2023년의 경우에 건강보험 직장가입자는 1인 가구 88,753원, 2인 가구 147,280원, 3인 가구 189,109원, 4인 가구 230,142원 이하 등이고, 지역가입자는 각각 26,673원, 105,944원, 147,855원, 196,236원 이하 등입니다. 만약, 한 가구에서 건강보험료를 내는 사람이 2명 이상이면 보험료를 합산하고, 맞벌이부부는 높은 보험료를 내는 사람의 금액에 낮은 보험료를 내는 사람의 금액의 1/2를 합산하여 계산합니다. 건강보험료의 기준은 매년 조금씩 달라집니다.

이 사업을 받길 희망하는 사람은 관할 행정복지센터·복지기관(시설)·서울시주거복지센터 등에 신청하고, 자치구에서 수합하여 서울시복지재단에 제출하면, 서울시복지재단에서 기금배분위원회의 심의를 거쳐 지원하기로 결정하여 자치구에 통보하면 자치구가 지급요청을 하고 재단이 선정된 기관이나 가구에 기금을 지원합니다.

서울주거포털 https://housing.seoul.go.kr

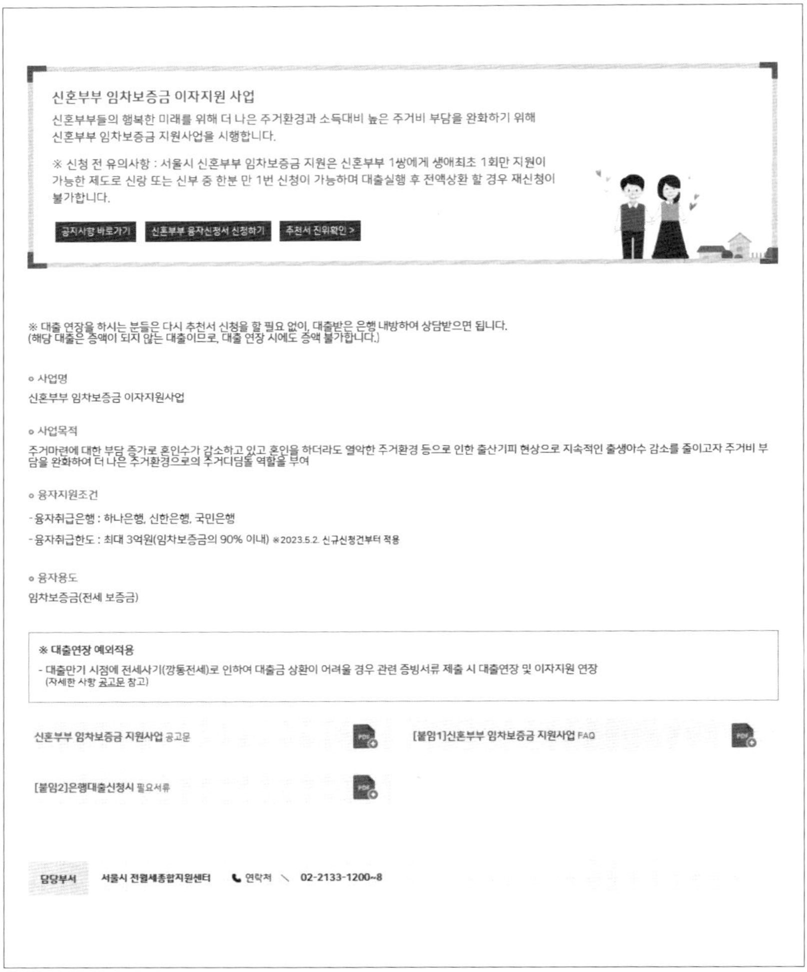
신혼부부 임차보증금 이자지원 사업

신혼부부들의 행복한 미래를 위해 더 나은 주거환경과 소득대비 높은 주거비 부담을 완화하기 위해 신혼부부 임차보증금 지원사업을 시행합니다.

※ 신청 전 유의사항 : 서울시 신혼부부 임차보증금 지원은 신혼부부 1쌍에게 생애최초 1회만 지원이 가능한 제도로 신랑 또는 신부 중 한분 만 1번 신청이 가능하며 대출실행 후 전액상환 할 경우 재신청이 불가합니다.

공지사항 바로가기 | 신혼부부 융자신청서 신청하기 | 추천서 진위확인 >

※ 대출 연장을 하시는 분들은 다시 추천서 신청을 할 필요 없이, 대출받은 은행 내방하여 상담받으면 됩니다.
(해당 대출은 증액이 되지 않는 대출이므로, 대출 연장 시에도 증액 불가합니다.)

∘ 사업명

신혼부부 임차보증금 이자지원사업

∘ 사업목적

주거마련에 대한 부담 증가로 혼인수가 감소하고 있고 혼인을 하더라도 열악한 주거환경 등으로 인한 출산기피 현상으로 지속적인 출생아수 감소를 줄이고자 주거비 부담을 완화하여 더 나은 주거환경으로의 주거디딤돌 역할을 부여

∘ 융자지원조건

- 융자취급은행 : 하나은행, 신한은행, 국민은행
- 융자취급한도 : 최대 3억원(임차보증금의 90% 이내) ※2023.5.2. 신규신청건부터 적용

∘ 융자용도

임차보증금(전세 보증금)

※ 대출연장 예외적용
- 대출만기 시점에 전세사기(깡통전세)로 인하여 대출금 상환이 어려울 경우 관련 증빙서류 제출 시 대출연장 및 이자지원 연장
(자세한 사항 공고문 참고)

신혼부부 임차보증금 지원사업 공고문

[붙임1]신혼부부 임차보증금 지원사업 FAQ

[붙임2]은행대출신청시 필요서류

담당부서 **서울시 전월세종합지원센터** 연락처 \ **02-2133-1200~8**

주거취약계층 임차자금 지원사업

주거취약계층 임차자금 지원사업, 일명 '푸른나눔'은 주거취약계층의 열악한 주거 환경 개선을 위해 월세와 임시 주거비를 지원하는 것입니다.

지원대상은 서울, 경기지역에 사는 국민기초생활보장 수급자와 차상위계층 가구, 화재 풍수해 철거 등과 같은 위기 상황으로 인해 퇴거 위기에 놓여있는 가구, 쪽방·고시원·여인숙·비닐하우스·컨테이너·노숙인복지시설 등 열악한 주거환경에서 3개월 이상 거주한 사람입니다.

위의 조건에 해당되어도 세대주와 세대원이 부동산을 소유한 가구, 가족(직계존비속, 형제자매)간 임대차 계약을 체결한 경우, 영구임대주택이나 전세임대주택에서 거주한 경우, 친인척 주택에서 무상 거주한 가구는 제외됩니다.

시·군·구청, 행정복지센터, 복지관, 학교 등 사례관리를 하는 기관의 담당 사회복지사가 신청하고, 1차 서류심사, 2차 면담 후 '심의위원회 심사'에서 통과되면 임대인의 계좌로 입금해줍니다. 가구 구성원 수, 필요성, 시급성 등을 반영하여 500만원 한도에서 지원합니다.

'푸른나눔' 담당자 070-4617-6593에게 문의할 수 있습니다.

서울주거포털	**https://housing.seoul.go.kr**
경기주택도시공사	**https://www.gh.or.kr**

미혼한부모 주거비 지원사업

미혼한부모 주거비 지원사업, 일명 '가가호호'는 자립의지가 있으나 저소득으로 주거가 불안한 미혼한부모에게 주거비를 지원함으로써 이들의 안정적인 자립기반 마련을 도모하며, 나아가 이들이 경제적으로 자립하여 건강한 가정을 유지하는데 기여하는 일입니다.

지원대상은 혼인기록이 없고, 사실혼 관계가 아니며, 신청일 기준 만 18세 미만 아동을 양육중인 미혼한부모 중 다음 기준을 모두 충족한 가정(총 33가정)입니다. 1) 기준 중위소득의 100% 이하(주거급여로 월임차료 100%를 지원받는 경우는 제외), 2) 자립의지가 확고하고 명확한 자립계획이 있는 사람(조건부 수급자 우선 선정), 3) 사회복지 유관기관, 공공기관, 미혼모 지원단체 등의 추천이 있는 사람, 4) 본인의 통장거래가 가능한 사람입니다.

지원내용은 1가정당 최대 월 15만 원 임차료를 12개월간 총 180만 원을 지원합니다. 홀트아동복지회에서 사례관리기관으로 지원금 12개월분을 일시 지급하고, 사례관리기관은 대상자 통장으로 매월 송금하거나 기관에서 월 임차료를 대납합니다. 사회복지 유관기관, 공공기관, 미혼모 지원단체 등이 홀트아동복지회에 신청합니다.

홀트아동복지회 http://love.holt.or.kr

노숙인 임시주거지원사업

노숙인 임시주거지원사업은 거리노숙인 등에게 임시주거를 제공하여 만성적 노숙을 예방하고, 일자리·기초생활수급 연계 등을 통해 지역사회 복귀를 지원하는 사업입니다.

지원대상은 동절기 저체온증 사고위험이 높은 건강취약 거리노숙인; 성폭력에 노출 우려가 있고, 정신질환자 비율이 높은 여성노숙인; 6개월 미만 초기 노숙인, 찜질방 등 주거가 불안정한 잠재 노숙인; 무소득, 장기 월세 연체로 퇴거위기에 있는 노숙위기계층입니다. 지원규모는 거리노숙인 등 900명입니다.

지원내용은 월 25만 원 기준으로 최장 6개월간 임시주거 지원입니다. 시설에서 서울시내 고시원·쪽방 등을 계약 후 노숙인이 입주하도록 합니다. 지역 여건에 따라 20% 범위내 가감사용(20만 원~30만 원)할 수 있고, 생활용품 구입을 위해 1인당 10만 원 이내를 지원합니다.

입주일로부터 1년간 **입주자 사례관리**를 해야 합니다. 사례관리에는 행정지원, 취업지원, 방문상담 등이 포함됩니다. 행정지원은 주민등록 복원, 기초생활보장 수급신청, 장애인 등록 등이고, 취업지원은 구직등록, 면접과 급여 수령 이전, 출근교통비 지원 등이며, 방문상담은 정기적인 방문·시설 내방 상담, 입주자 사례관리가 포함됩니다.

노숙인 지원절차는 노숙인시설 등이 상시 발굴하여 지원합니다. 운영시설이 신청접수하고 심의선정하며 입주지원과 사례관리를 일괄 지원합니다. 운영시설은 거리상담과 내방을 통한 신청접수를 하고, 상담결과에 따른 점수표를 작성하고 심층상담을 통해 지원대상을 선정합니다. 대상자 희망지역 월세 계약후 입주지원을 하는데, 월세는 시설에서 납부합니다. 사례관리는 노숙인 입주 후 방문 사례관리, 자립지원 등입니다.

서울시에서 상시 거리상담 활동 실시기관·단체는 다시서기종합지원센터(서울역 주변), 브릿지(시청 주변), 옹달샘(영등포·구로 등), 햇살(영등포·강서 등), 거리의 천사들(강남 주변), 디딤센터(여성노숙인) 등 6개소입니다. 다시서기종합지원센터를 사업 총괄 기관으로 지정하고, 각 센터별로 지원목표를 정하여 활동합니다.

문의는 노숙인 위기대응콜(1600-9582)과 서울시 다시서기종합지원센터(02-777-5217)에 할 수 있습니다.

서울시 다시서기종합지원센터	http://www.homeless.or.kr
디딤센터	http://homelessness.bbweb.co.kr

긴급복지지원의 주거지원

긴급복지지원은 갑작스러운 위기사유로 생계유지 등이 곤란한 저소득층에 대해 긴급하게 생계지원, 의료지원, 주거지원 등을 일시적으로 신속하게 하는 것입니다. 긴급복지는 위기사유가 있고, 가구 소득이 기준 중위소득의 75% 이하이며, 금융재산은 600만 원(주거지원은 800만 원)을 넘지 않고, 금융재산을 포함한 전체 재산이 대도시는 241백만 원, 중소도시는 152백만 원, 농어촌은 130백만 원 이하일 때 신청하면 받을 수 있습니다.

긴급복지 위기사유는 주소득자가 사망, 가출, 행방불명, 구금시설에 수용 등의 사유로 소득을 상실한 경우, 중한 질병 또는 부상을 당한 경우, 가족구성원으로부터 방임 또는 유기되거나 학대 등을 당한 경우 등 다양합니다.

실직과 사업위축이 일상화되면서 정부는 위기사유, 소득, 재산의 기준보다 다소 높아도 생계유지가 어렵고, 병원 입원비 등을 낼 형편이 되지 않는다면, 신청을 받은 후 48시간 안에 지원 여부를 결정하고, 24시간 안에 지원합니다.

긴급복지 지원내용은 주급여로 생계지원, 의료지원, 주거지원, 복지시설 이용 등이 있고, 부가급여로 교육지원, 동절기 연료비, 해산비, 장제비, 전기요금 등이 있습니다.

생계비는 1개월 단위로 가구원수에 따라 지급하고(최대 6개월), 의료비는 병원입원비 중 본인부담금을 300만 원 범위에서 지급하며(최대 2회), 주거급여는 임시거소나 주거비를 지원하고(12회), 사회복지시설 입소 또는 이용서비스 제공(6회), 초·중·고등학교 교육비(2회이나 4회까지 연장 가능) 등입니다. 동절비 연료비는 한 달에 106,700원이고, 해산비는 70만 원, 장제비는 구당 80만 원, 전기요금은 50만 원까지입니다. 위기상황이 복합적인 경우에는 주급여 종류별로 복합 지원할 수 있고, 부가급여는 주급여 지원가구를 대상으로 해당사항이 있을 경우에 추가로 지원할 수 있습니다.

주거지원은 국가·지방자치단체 소유 임시거소 제공 또는 타인 소유의 임시거소를 제공합니다. 주거비의 지원내용은 거주지역과 가구원수에 따라 다른데, 2023년 대도시의 경우 1-2인 가구는 387,200원, 3-4인 가구는 643,200원, 5-6인가구는 848,600원이고, 중소도시는 각각 290,300원, 422,900원, 557,400원이며, 농어촌은 각각 183,400원, 243,200원, 320,300원입니다.

긴급복지 지원절차는 위기 상황에 처한 가구가 보건복지상담센터(국번없이 전화 129)나 시·군·구에 신청하면, 담당공무원이 현장 확인을 하고, 지원결정과 지급을 하며, 사후조사를 하고, 적정성 심사를 거쳐 적정하면 계속 지원합니다. 적정하지 않으면 지원 중단합니다.

본인이나 주변 사람이 위기에 처해 긴급복지가 필요하면 129 전화로 신청하기 바랍니다.

보건복지상담센터(129)	http://www.129.go.kr
복지로	http://www.bokjiro.go.kr

서울형 긴급복지지원에서 주거지원

서울형 긴급복지지원은 국가가 만든 긴급복지지원에서 사각지대가 있기에 이를 서울시차원에서 보완하려는 것입니다.

서울형 긴급복지지원은 가구 소득이 중위소득의 85% 이하일 때 선정될 수 있는데, 이는 국가 기준인 75% 이하보다 높습니다. 서울형 긴급복지의 재산 기준은 3억100만원 이하이고 그중 금융재산은 1000만 원 이하입니다. 위기가구의 소득과 재산이 기준보다 조금 높아도 생계비, 의료비, 주거비 등을 지급받을 수도 있습니다.

생계비의 지원은 1인 30만 원, 2인 50만 원, 3인 70만 원, 4인 100만 원입니다. 주거비는 최대 100만 원이고, 의료비는 최대 100만 원이며, 교육비는 초·중·고등학생에게 차등하여 지급합니다. 기타 연료비 106,700원, 해산비 70만 원, 장제비 80만 원, 전기요금 50만 원 이내로 지원합니다. 원칙적으로 1회 지원이지만 생계비, 의료비 항목만 처음 지원시와 다른 위기상황이거나, 질병이 계속되면 사례회의를 통해 1회 추가 지원이 가능합니다.

위기에 처한 사람이 거주지 구청이나 행정복지센터에 방문하거나 전화로 신청하거나, 복지플래너가 위기가구를 발굴하면 담당자가 선지원 하고, 동·구 사례회의에서 사후승인 하는 절차입니다. 위기가 해소되면 종료시키고, 그렇지 않으면 국민기초생활보장제도, 차상위계층 지원제도, 기초연금 등 다른 복지와 연계하여 지원합니다.

문의는 행정복지센터, 구청, 서울시 다산콜센터로 할 수 있습니다.

서울시 다산콜센터 https://www.120dasan.or.kr

기존주택 전세임대 수시접수

기존주택 전세임대 수시접수는 저소득계층이 생활권에서 지금 수입으로도 충분히 거주할 수 있도록 기존주택을 전세계약 체결한 뒤 저소득층에게 저렴한 가격에 재임대하는 '기존주택전세임대'를 수시 접수하는 제도입니다.

대상 주택은 다가구, 다세대, 단독, 연립주택, 아파트 중 국민주택규모 85m² 이하의 주택입니다. 토지주택공사의 전세금 지원 한도 금액은 수도권(서울·경기·인천)은 13천만 원, 광역시(세종시 포함)는 9천만 원, 그 밖의 지역은 7천만 원입니다. 이 제도는 저소득층이 5%만 부담하고, 전세 보증금 부담 없이 경제적인 가격(연 1~2%)으로 월세로 사는 것입니다.

기존주택 전세임대의 1순위에 속하고 주거시급성이 인정되는 사람이 신청하면 입주할 수 있습니다. 1순위는 기초생활보장(생계·의료급여)수급자, 한부모가족, 주거지원 시급가구, 수급자 또는 차상위계층(월평균 소득이 도시근로자 가구당 월평균소득의 50% 이하)인 고령자, 장애인(월평균소득의 70% 이하)입니다. 전체 가구원이 무주택자이고, 총 자산이 영구임대주택 입주자는 255백만 원(국민임대 입주자는 361백만원) 이하이며, 자동차는 3,683만 원 이하로 자산기준을 충족한 경우에만 지원받을 수 있습니다.

1순위에 속하는 사람이 많고 전세임대 공급물량이 제한되어 있기에 세부 자격요건을 충족한 경우에만 입주할 수 있습니다. 곰팡이, 누수, 결로 등으로 인한 거주환경 저하세대; 재개발·재건축으로 인한 이주요청 세대; 신청자의 과실이 없는 경매·공매 등으로 인한 퇴거 요청세대(본인 소유 주택 제외), 그밖에 위에 준하는 사유로 지방자치단체장이 인정하는 경우입니다.

매년 기존주택 전세임대의 공급물량이 소진될 때에는 수시 접수가 중단될 수도 있습니다. 최초 임대기간은 2년이고, 총 9회까지 2년 단위로 재계약하여 최대 20년간 살 수 있습니다.

기존주택 전세임대의 신청절차는 기초생활보장 수급자 등은 공급신청서, 개인정보제공동의서, 자격증명서, 주민등록등본, 가족관계증명서, 신분증, 주거시급사유(본인), 현장실태조사(자치구) 등을 갖추어 신청하면 됩니다. 당사자가 행정복지센터에 신청하거나 보건복지콜센터(129) 등에 문의할 수 있습니다.

한편, 기존주택 전세임대에 공동생활가정도 입주할 수 있습니다. 대상자는 보호아동, 저소득장애인, 노인, 미혼모, 성폭력 피해자, 탈성매매여성, 가정폭력피해자, 가출청소년, 갱생보호자, 아동복지시설 퇴소자, 북한이탈주민이 해당됩니다.

한국토지주택공사	https://www.lh.or.kr
서울주택도시공사	https://www.i-sh.co.kr
경기주택도시공사	https://www.gh.or.kr
마이홈포털	https://myhome.go.kr

폭력피해여성 주거지원사업

폭력피해여성 주거지원사업은 가정폭력·성폭력 등 폭력피해여성의 자립을 지원하고 사회적응 여건을 조성하고자, 폭력 피해여성과 그 가족이 공동으로 생활할 수 있는 주거공간을 제공하는 것입니다.

지원대상은 가정폭력·성폭력 피해여성과 동반가족으로 자립자활을 원하며, 의지가 있는 사람입니다. 장기보호시설 입주자, 이주여성도 입주대상자로 포함될 수 있지만, 불법체류자는 입주할 수 없습니다. 장애인 피해여성 또는 동반가족 중 장애인이 있으면 장애의 특성을 고려하여 가능한 편리한 주택에 입주할 수 있도록 해야 합니다.

입주 우선순위는 보호시설장, 가정폭력상담소장 또는 1366센터장의 추천을 받은 사람으로서 만 10세 이상 남자아동을 동반하여 보호시설 입소가 곤란한 사람, 보호시설에 입소하지 않는 친족 성폭력 피해아동·청소년이 있는 경우입니다. '입주자선정위원회'의 심의를 거쳐 주거지원시설 우선 입소 필요성이 인정된 사람도 입주할 수 있습니다.

임대조건은 임대보증금은 면제되고(운영기관에서 부담), 관리비와 기타 공과금은 입주자가 부담하며, 사업운영비(자립상담원 인건비, 사업관리비 등)는 운영기관에서 지원합니다.

신청방법과 절차는 가정(성)폭력상담소와 보호시설, 1366센터를 통해 방문 또는 우편으로 신청합니다. 접수가 되면 자격여부 등을 확인하고 입주자선정위원회에서 입주대상자를 선정합니다. 입주자는 운영기관과 약정서를 체결하고, 한국토지주택공사 등이 지원하는 주택에 입주하여 살면 됩니다.

이 제도를 활용하면 가정폭력·성폭력으로 피해를 받는 여성과 동반가족이 보다 안전한 집에서 살 수 있습니다. 가정(성)폭력이 일어날 때 경찰이나 가정(성)폭력상담소, 노인보호전문기관, 장애인인권센터 등에 신고하여 보호요청을 하여 쉼터에서 살면서 '주거급여'를 신청하면 선정될 가능성이 높습니다.

가정(성)폭력 피해자가 상담기관 등에 신고하면 우선 쉼터에서 살 수 있고, 폭력피해여성 주거지원사업을 통해 안정된 집에서 살며, 중장기적으로 전세임대 등 다른 공공임대주택으로 갈아탈 수도 있습니다. 도움을 요청하면 가정(성)폭력으로부터 해방된 삶을 살 수 있습니다.

문의사항은 여성긴급전화 1366을 활용하기 바랍니다.

여성긴급전화 서울1366	http://seoul1366.or.kr
여성긴급전화1366	https://www.women1366.kr
여성긴급전화1366 경기센터	http://www.ky1366.or.kr
중앙노인보호전문기관	http://www.noinboho.or.kr

주거사다리 지원사업

주거사다리 지원사업은 쪽방, 비닐하우스 거주자, 가정폭력 피해자, 아동 빈곤가구 등 주거취약계층의 주거안정과 주거수준의 향상을 위해 저렴한 임대주택 지원입니다.

지원대상은 쪽방, 고시원, 여인숙, 비닐하우스, 노숙인시설, 컨테이너, 움막, PC방, 만화방 등에서 3개월 이상(최근 1년간 기준으로) 거주하는 사람입니다. 가정폭력 피해자, 출산예정인 미혼모 등 긴급한 주거지원이 필요하다고 관계 행정기관, 관련 사회복지법인 또는 비영리법인, 운영기관 등이 추천하는 사람은 우선 입주할 수 있습니다. 최저주거기준을 미달하는 주거환경에서 만 18세 미만 아동과 함께 거주하는 사람도 입주할 수 있습니다.

임대조건은 소득 요건, 재산 요건과 자동차 보유요건을 충족한 경우에 입주할 수 있습니다. 세대주와 세대원(직계 존비속에 한함)이 모두 무주택자이고, 소득은 전년도 도시근로자 가구당 월평균소득의 50% 이하이어야 합니다. 재산은 총자산은 215백만 원 이하(개별공시지가 기준), 자동차는 3,496만 원 이하(비영업용 승용자동차에 한함)입니다.

지원대상 주택은 국민주택규모로 공부상 면적 85m² 이하 주택(단, 1인 가구는 50m² 이하)입니다. 주거지원 유형은 기존주택 매입임대, 기존주택 전세임대, 운영기관을 통한 주거지원, 국민임대주택 등입니다. 서울주택도시공사의 주거취약계층 주거지원사업은 자치구를 통한 신청과 기존주택 매입임대 유형으로 개별계약만 가능합니다.

지원금액은 전세보증금 최고 1억1천만 원 주택까지 지원이 가능하고, 그중 50만원은 본인이 부담해야 합니다. 1억1천만 원 이상 주택도 가능하지만, 그 초과액은 본인이 부담해야 하고, 전세보증금 1억2천만 원을 초과할 수는 없습니다. 임대기간은 최초 2년이고, 9회까지 2년 단위로 재계약할 수 있습니다. 임대보증금은 50만 원이고, 월임대료는 매입 및 전세임대주택의 임대료 산정방식과 같습니다. 다만, 비닐하우스 거주자와 범죄피해자는 임대보증금이 없이 월임대료만 내면 됩니다. 서울주택도시공사의 주거취약계층 주거지원사업은 보증금이 100만 원입니다.

신청방법은 입주를 희망하는 사람은 행정복지센터 또는 운영기관에 신청하고, 범죄피해자는 지방검찰청에 신청하기 바랍니다. 구비서류는 신청서, 자활계획서, 소득확인 증명서류(월급명세서, 소득진술서 등), 주민등록등본, 금융기관의 잔액증명서, 진단서 또는 소견서(장애인은 복지카드) 등입니다. 행정복지센터 등에 신청하면 각 시·군·구의 장은 입주자선정위원회를 통해 입주대상자를 선정하여 사업시행자(토지주택공사, 서울주택도시공사 등)에게 주거지원을 요청하고, 시행자가 입주자격을 확인하고, 최종 입주자를 선정합니다. 입주대상자는 전세금 회수가 가능한 주택을 물색하여 토지주택공사 등에 통보하고, 대상주택의 등기부등본 등을 통해 채권확보를 위한 권리분석 후에 전세계약 가능여부를 결정하고, 임대차계약을 체결하면, 입주대상자는 해당 주택으로 입주할 수 있습니다.

문의는 행정복지센터와 토지주택공사 마이홈센터(1600-1004), 서울주택도시공사 콜센터(1600-3456)에 할 수 있습니다.

마이홈 포털 https://www.myhome.go.kr

한국토지주택공사 https://www.lh.or.kr

서울주거포털 https://housing.seoul.go.kr

강북주거복지센터 http://gbhouse.or.kr

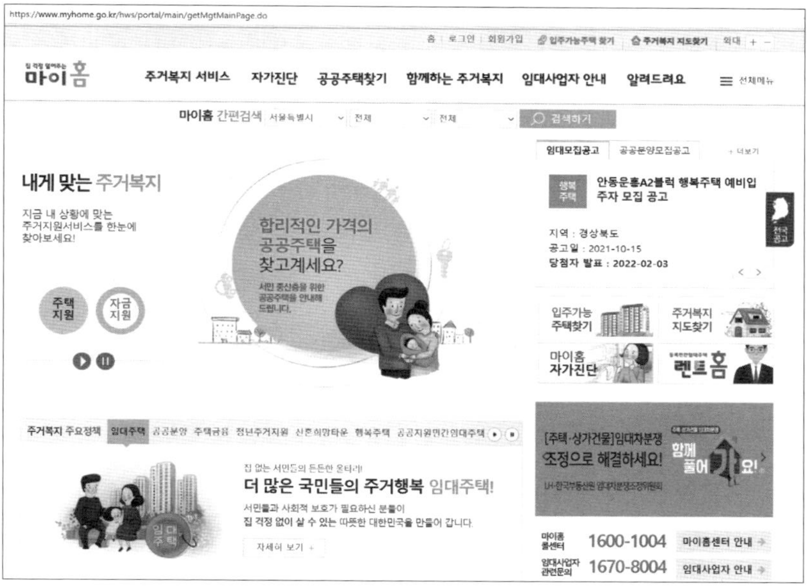

주거취약계층 주거상향지원사업

주거취약계층 주거상향지원사업은 주거복지로드맵 2.0- 비주택거주가구 등 주거취약계층 주거권 보장 대책의 하나로 비주택거주가구 등이 공공임대주택에 이주하고 정착하는 전과정을 지원하는 사업입니다. 주택물색·서류작성 등을 현장 지원하고, 이주에 필요한 보증금·이사비·생활집기와 이주 후 일자리·돌봄까지 지원합니다.

지원대상은 쪽방, 고시원, 여인숙, 비닐하우스, 노숙인시설, 컨테이너, 움막, PC방, 만화방 등에서 3개월 이상 거주자, 반지하에서 사는 최저주거기준 미달 가구입니다. 자격요건은 무주택세대구성원, 전년도 도시근로자 가구당 월평균소득의 1인가구 70% 이하, 2인가구 60% 이하, 3인가구 이상 50% 총자산 255백만 원 이하(자동차 3,683만 원 이하) 등을 모두 충족시킨 경우입니다.

신청과 지원절차는 비주택거주자가 행정복지센터, 비주택사업 운영기관(주거복지센터 등), 주거취약계층 주거지원사업 매입임대 운영기관 등에 신청합니다. 행정복지센터에서 소득·재산조사를 하여 대상자를 선정하고, 토지주택공사·서울주택도시공사·민간임대와 주택계약을 합니다. 토지주택공사의 주택 입주자는 주거복지재단(또는 주거취약계층 주거지원사업 매입임대 운영기관)이 임차보증금 등을 지원하고, 서울주택도시공사의 주택·민간주택 입주자는 비주택사업 운영기관(주거복지센터 등)이 지원합니다. 초기정착지원사업 운영기관이나 지역 사회복지기관, 주거복지센터 등이 사후관리를 합니다. 소요기간은 대체로 3개월 이상 걸립니다.

이 사업의 운영기관은 주거상담과 대상자 발굴, 주택 물색과 이주지원(부동산 수수료 50만 원 이내), 주택개보수 지원(도배, 장판 등 150만원 이내), 임시거처 운영(기초생활비 30만 원 이내 현물지원), 정착지원(생활안정 지원 가구당 70만 원 이내 실비, 장애인과 노인 등 주거약자 편의시설 100만원 이내 실비) 등을 지원합니다. 운영기관은 정착지원, 사례관리 연계 등 특화사업, 홍보사업 등을 수행합니다.

한편 이주지원119센터는 토지주택공사 임대주택에 한하여 이주과정 밀착지원을 통해 취약계층이 공공임대주택을 신청·지원을 받을 수 있도록 원스톱 서비스(주택매칭, 서류대행, 이사지원) 등을 제공합니다.

문의는 주거복지센터, LH이주지원119센터, 주거취약계층 매입임대 운영기관 등에 하기 바랍니다.

주거복지재단	http://hwf.or.kr
서울주거포털	https://housing.seoul.go.kr
경기주거복지포털	https://housing.gg.go.kr
영등포주거복지센터	http://www.ydphouse.or.kr

아동주거빈곤가구 매입임대주택

아동주거빈곤가구 매입임대주택은 최저주거기준을 미달하는 주거환경에서 만 18세 미만 아동과 함께 거주는 주거취약계층에게 공급하는 매입임대주택입니다.

입주자격은 최저주거기준을 미달하는 주거환경에서 만 18세 미만 아동과 함께 사는 무주택 세대 중 소득·자산기준을 충족하는 사람입니다. 최저주거기준 미달은 용도별 방의 개수 미달 또는 전용 입식부엌, 전용 수세식화장실 미설치 등으로 판단합니다. 소득기준은 전년도 도시근로자 가구당 월평균소득의 50% 이하이고, 자산기준은 영구임대주택 입주 기준 총자산 255백만원, 자동차 3,683만 원 이하입니다.

공급주택은 전용면적 50~60m²이고 투룸 이상 규모입니다. 임대조건은 기존주택 매입임대 중 기준임대보증금을 300만 원으로 결정하고, 그 차액을 전환하여(전환 이율 6.7%), 전환된 월임대료와 기준 월임대료의 합이 25~35만 원인 주택을 공급합니다. 월세는 주거급여의 지원 상한액 기준을 참고하였습니다. 보증금이 필요하면 서울시사회복지기금에서 250만원을 대출하고, 본인부담금 50만원도 은행 대출을 신청할 수 있습니다. 거주기간은 2년 계약이고 기준을 충족하면 9회까지 재계약할 수 있습니다.

입주자 선정 권한은 구청장에게 있고, 자치구에서 서울주택도시공사 맞춤주택부로 월 1회 명부를 통보합니다. 입주자 선정 평가표에 고득점자부터 순번을 배정하고, 동점자는 아동의 수가 많은 순, 아동이 어린 순, 서울시 전입일이 빠른 순, 신청자 나이가 많은 순으로 선정합니다.

입주자가 유의할 사항은 동·호선정시 선순위자가 선정한 주택을 후순위자가 선정할 수 없고, 주택 선정 포기한 경우에 재공급 기회가 없습니다. 냉장고, 세탁기, 전자레인지 등 가전제품이 구비되어 있지 않고, 확보된 매입임대주택이 소진 후 공급이 일시 중단되며, 별도 통보 없이 재개될 수도 있습니다.

입주자가 필요한 서류는 입주신청서, 소득확인증명서류(건강보험료 납부영수증으로 대체 가능), 주민등록등본 혹은 거주사실 확인서, 금융기관의 잔액증명서, 부채증명원, 진단서 또는 소견서, 장애인의 경우 복지카드 사본 등입니다.

문의는 관할 행정복지센터, 지역별 주거복지센터, 서울주택도시공사 콜센터(1600-3456)와 맞춤주택부(02-3410-8548)입니다.

서울주택도시공사 https://www.i-sh.co.kr
어린이재단 https://www.childfund.or.kr
천주교 서울대교구 사회사목국 http://social.catholic.or.kr

보호종료아동 주거지원 통합서비스

보호종료아동 주거지원 통합서비스는 보호종료아동 주거부담 완화와 심리적 지원을 통해 안정적으로 사회에 정착할 수 있도록 임대료와 맞춤형 사례관리를 통합 제공하는 것입니다.

신청 자격은 아동양육시설, 공동생활가정, 가정위탁보호 종료 5년 이내 아동(청소년) 중 토지주택공사 매입임대·전세임대 주택 지원을 받아 거주 중인 사람으로 재계약을 포함하여 계약 잔여기간이 최소 1년 이상인 사람입니다.

지원내용은 토지주택공사 매입·전세임대주택의 평균 임대보증금과 임대료(매월 15만 원 상당의 실비)입니다. 토지주택공사는 초기 사례관리기간(2년) 동안 보증금과 월세를 지원하고, 수도·전기요금 등 관리비는 자부담입니다. 토지주택공사는 생활필수 집기 등 물품을 지원하고(50만 원), 맞춤형 사례관리를 합니다. 전문 사례관리사가 개인별 특성을 고려한 자립정보 제공, 진학·취업훈련 등 자원 발굴과 연계를 월 1회 이상 실시합니다. 매월 20만 원 상당의 자립경비를 지원하고, 입주자는 교육비, 자격취득비, 의료비 등으로 쓸 수 있습니다. 이 서비스는 2년이며 1회에 한하여 2년간 연장할 수 있습니다.

서울, 부산, 인천, 광주, 대전, 충북, 충남, 전북, 전남, 경남 등 10개 지역에서 신청할 수 있고, 아동권리보장원 홈페이지의 공고를 보고 상시 접수

할 수 있습니다. 거주를 원하는 지역의 담당 수행기관에 방문 또는 우편으로 신청서류를 제출하면 됩니다. 신청서류는 주거지원 통합서비스 신청서와 자기소개서, 개인정보 수집·이용·제공 동의서, 사이버 강의 이수증(서민금융진흥원 금융포털에서 '보호종료아동 자립교육' 수강후 이수증 출력), 보호종료 확인서, 신분증 등입니다. 관계기관(시설장, 가정위탁지원센터장, 아동복지협회장, 그룹홈협의회장, 시·군·구청장 등)추천서가 있으면 선정시 가점을 받을 수 있습니다.

이 서비스는 아동양육시설과 공동생활가정에서 퇴소한 아동(청소년) 등이 주거가 불안하고 자립하기 어렵다는 문제를 해결하기 위해 생겼습니다. 따라서 아동양육시설, 공동생활가정, 가정위탁지원센터의 시설장과 자립지원전담요원은 보호종료아동(청소년)에게 이 서비스를 활용하도록 안내하는 것이 중요합니다. 청소년은 안정된 주거를 마련하고, 주거비를 줄이면서, 진학·취업을 통해 자립능력을 키우는 것이 절실하기 때문입니다.

아동권리보장원	https://www.ncrc.or.kr
한국아동복지협회	http://www.adongbokji.or.kr
한국아동청소년그룹홈협의회	http://grouphome.kr
서민금융진흥원 금융교육포털	https://edu.kinfa.or.kr

우체국공익재단-복지등기우편사업

우체국공익재단-복지등기우편사업은 정부의 공적지원에도 불구하고 복지급여를 받지 못하는 소외계층을 발굴하고 복지사각지대를 해소하기 위해 전국 우체국의 인적·물적 자원과 네트워크를 활용해 사회적 가치를 창출하고 지역사회내 사회안전망 구축의 초기 전달자 역할을 수행하는 것입니다.

추진주체는 전국 249개 우체국과 229개 기초자치단체이고, 지원대상은 기초생활보장 수급자, 차상위계층, 중위소득의 80% 이내 가구입니다. 추진내용은 우체국이 복지사각지대에 있는 사람을 발굴하여 시·군·구 공공기관에 명단을 회신하고, 회신을 받은 지자체에서 대상자를 확인하여 자원(생계비, 의료비, 주거비, 교육비 지원)을 연계하고 있습니다.

문의는 시·군·구 복지정책과와 우체국 공익재단(02-525-3843)으로 하기 바랍니다.

우체국 공익재단 **http://www.kopf.or.kr**

희망온돌 취약계층 위기가구 지원사업

희망온돌 취약계층 위기가구 지원사업은 서울시 거주 기준 중위소득의 120% 이하로 긴급한 지원이 필요한 취약계층에게 가구당 1항목 100만 원 이하를 지원합니다.

위기상황은 긴급복지지원법에 의한 위기상황을 포함하여 '기금배분회의'가 인정하는 모든 사례입니다. 기초생활보장 수급자도 공공부조로 해결하기 어려운 위기상황에 처하면 지원이 가능하고, 노숙인, 외국인도 지원하고, 지원기준 초과자도 기금배분회의에서 인정한 경우에는 특별지원을 할 수 있습니다.

지원내용은 가구당 1항목 100만 원 이하입니다. 긴급상황의 경우 2개 항목까지 지원이 가능하지만, 합계 지원금액은 100만 원 이하입니다. 사업기간 중 1회 또는 지원 한도 내에서 분할 지원이 가능합니다.

세부 지원 내용은 생계비(쌀, 생필품 등), 주거비(월세, 관리비 등), 의료비(치료비, 약값, 진단비 등, 개인당 100만 원까지와 가구당 300만 원까지), 집수리 비용 등입니다. 생계비는 현금지원, 주거비와 의료비는 현물 지원이 원칙입니다.

지원절차는 외부기관(주로 사회복지관)에서 사례의뢰를 받으면 기금배분위원회 회의에서 지원 여부를 결정하고, 지원하기로 결정하면 지원금을 집행하고, 사후관리합니다. 증빙서류는 기초생활보장 수급자와 차상위계층은 해당 증명서류와 주민등록등본이고, 그 외 기준 중위소득의 120%

이하 가구는 건강보험료 납입증명서와 주민등록등본입니다. 건강보험료로 판단이 어려운 경우에는 자치구 협조를 통해 소득 수준을 확인합니다.

서울복지포털(희망온돌) https://wis.seoul.go.kr

공공임대주택 공통 입주자격

공공임대주택은 국가와 지방자치단체 혹은 토지주택공사 등 공공기관이 건립한 주택으로 민영주택에 비교하여 싸고 안정적입니다. 입주자 모집공고일 현재 성년자인 무주택구성원으로서 유형별 소득과 부동산, 자동차 보유 기준에 해당되는 사람만 공공임대주택을 신청할 수 있습니다.

성년자: 민법상 성년자인 19세 이상만 신청할 수 있습니다. 다만, 미성년자가 자녀를 양육하거나, 직계존속이 없어 형제자매를 부양하거나, 외국인 부모와 미성년자로 구성된 한부모가족인 경우에는 신청할 수 있습니다.

무주택세대구성원: 세대원 전원이 주택 또는 분양권(입주권 포함) 등을 소유하고 있지 않는 세대의 구성원일 때만 공공임대주택을 신청할 수 있습니다.

소득기준액: 소득기준액은 가구원수에 따라 다르고, 공공주택의 종류에 따라 기준액의 50%, 70%, 100%, 120%, 140%, 150% 등을 적용합니다. 맞벌이 가구는 홑벌이보다, 신혼부부 등은 다른 가구보다 더 높은 비율을 적용받습니다. 통계청의 분기별 가계소득동향 합계의 산술평균(전년도 도시근로자 가구당 월평균소득)으로 매년 달라집니다. 2023년에 소득기준액 100%는 1인 가구 3,353,884원, 2인 가구 5,005,914원, 3인 가구 6,718,198원, 4인 가구 7,622,056원으로, '기준 중위소득' 보다 훨씬 높습니다.

총자산·부동산·자동차 기준액: 총자산·부동산·자동차 기준액은 공공임대주택의 종류마다 조금씩 다릅니다. 저소득층에게 우선 공급하려는 주택은 그 기준이 낮고, 좀 더 자산 능력이 있는 사람이 입주할 수 있는 주택은 기준을 완화시켰습니다.

일반적으로 공공임대주택은 가구원 모두의 자산(일반재산+금융재산+자동차-부채)을 합친 총자산이 36,100만원 이하, 자동차 3,683만원 이하일 때 입주할 수 있습니다. 자동차는 총자산에 포함되면서 독자적인 기준으로도 적용됩니다.

행복주택의 경우 (예비)신혼부부와 한부모가족은 총자산 36,100만원 이하와 자동차 3,683만원 이하, 청년은 총자산 29,900만원와 자동차 3,683만원 이하, 대학생은 본인의 자산이 8,500만원이고 자동차가 없을 때 입주할 수 있습니다.

소득, 총자산, 부동산, 자동차 등에 대한 기준은 매년 조금씩 달라집니다. 자산은 부채를 차감하여 판단하지만, 금융자산과 금융부채는 사회보장정보시스템으로 조회된 금액만 보고, 마이너스통장대출, 신용카드 연체, 개인간 사채 등은 인정받지 못합니다. 자동차의 가액은 보건복지부장관이 정하는 '차량기준가액'(보험사에서 인정하는 차량 가격)을 기준으로 하는데, 장애인사용 자동차, 상이등급자의 보철용 차량은 제외됩니다. 차량은 명의상 주인으로 봅니다.

소득 심사 과정은 신청자가 신청하면, 사회보장정보시스템을 통해 전체 세대구성원의 소득과 자산자료를 조사합니다. 소득과 자산심사 결과를 알려주고 소명대상을 통보하면, 신청자가 소명을 접수하고, 소명사항의 반영여부를 결정하여 당첨자를 발표합니다. 상시근로자의 소득이 기관마다 다를 경우에는 '국민건강보험공단 자료'를 우선 반영합니다. 정부와 공공기관은 사회보장정보시스템의 자료를 우선 적용하기에 오해를 살만한 행위를 하지 않는 것이 유리합니다. 예컨대, 가족 중 신용불량자의 근로소득을 대신 받는다던지, 다른 사람의 재산을 등기하면 명의자의 것으로 간주합니다.

공공임대주택을 신청할 때 본인에게 유리한 주택을 선택해야 합니다. 임대로 살고 싶다면 임대조건이 좋은 것, 장차 분양을 받고 싶다면 5년 혹은 10년 후에 입주자에게 우선 분양하는 주택을 선택하기 바랍니다.

주택규모는 청년, 대학생 등 단독가구는 소규모 집이 배정되고, 신혼부부는 좀 더 큰 집이 배정됩니다. 전용면적 50m² 이하, 60m² 이하, 85m² 이하 등 다양합니다. 임대기간은 2년 단위로 계약하고, 입주자격을 유지하면 20년까지 살 수도 있습니다.

공공임대주택의 신청방법은 입주자 모집공고, 신청, 입주자 선정과 확인, 임대차 계약 체결, 입주 순입니다. 모집공고는 사업주체(한국토지주택공사, 지방공사 등)의 홈페이지 등을 통해 합니다. 홈페이지를 통해 신청하면, 입주자저축(청약저축, 주택청약종합저축) 순위 및 자산, 소득 등으로 정한 입주자 선정기준에 따라 입주대상자를 선정합니다. 사업주체의 홈페이지, ARS(1611-7700)를 통해 당첨자 명단을 확인할 수 있습니다. 모집 호수의 일정 비율에 맞추어 예비입주자로 선정합니다. 입주자격 검증 결과 적합한 자에 한하여 임대차 계약을 체결(예비당첨자는 당첨자의 미계약, 해지 등으로 공가 발생 시 순차적으로)하고, 입주하면 됩니다.

공공임대주택은 오래 살기에는 좁고, 자녀를 낳고 키우려면 좀 더 큰 집이 필요합니다. 자신의 소득과 자산을 고려하여 좀 더 나은 집으로 이사하기 바랍니다. 집은 갈아타야 키울 수 있습니다.

한국사회보장정보원	http://www.ssis.or.kr
마이홈 포털	https://www.myhome.go.kr
한국토지주택공사	https://www.lh.or.kr
서울주거포털	https://housing.seoul.go.kr

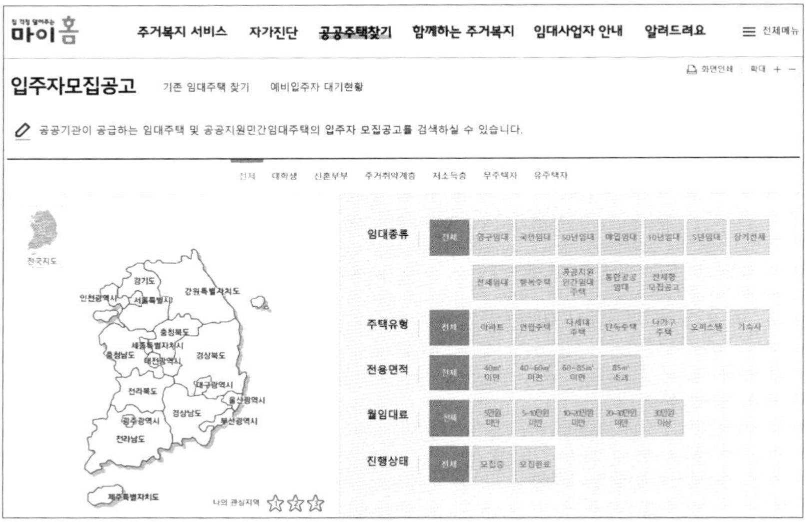

영구임대주택

영구임대주택은 국가나 지방자치단체의 재정을 지원받아 최저소득 계층의 주거안정을 위하여 50년 이상 또는 영구적인 임대를 목적으로 공급하는 주택입니다. 1988년 서울올림픽을 계기로 신시가지를 개발하면서 저소득층의 주거문제가 사회문제로 부각되어 1989년부터 1992년까지 19만 호가 건설되었습니다. 이후 보금자리주택의 공급계획의 하나로 건설되고 있습니다.

2021년 12월 31일 기준 전용면적별 평균 임대보증금과 월임대료(생계급여·의료급여 수급자 기준)는 25m^2 이하는 154만원에 월 37,100원이고, 33m^2 이하는 196.65만 원에 47,900원이며, 49m^2 이하는 312.5만 원에 69,000원입니다. 국민기초생활보장 생계급여·의료급여 수급자의 평균 임대보증금은 190만 원에 평균 월임대료가 45,000원이고, 수급자 외는 650만 원에 월 80,000원입니다. 주거급여를 받는 입주자는 사실상 임대료가 무상(정부가 주택관리회사에 직접 지급)입니다.

장기간 거주하는 사람이 많기에 신규공급분이 있거나 공가가 생기면 연 1~2회 예비입주자를 모집합니다. 신청자격은 모집공고일 현재 해당 시·도에 거주하는 무주택세대구성원으로 입주자격에 해당되며 소득과 자산 기준을 충족하는 사람입니다. 단독세대주도 신청할 수 있고, 신청자와 그 세대주, 세대원 전원(세대별 주민등록표에 등재되어 있지 아니한 배우자와 그 세대원을 포함)이 무주택자이어야 합니다.

가구원수에 따라 신청 가능한 전용면적이 다릅니다. 1-2인 가구는 전용면적이 30m² 이하, 3인 가구는 30m² 이상~39m² 미만, 4인 가구는 39m² 이상~42m² 미만, 5인 가구 이상은 42m² 이상을 신청할 수 있습니다. 휠체어를 타는 장애인이 있으면 가구원수에 1인을 합산하여 면적을 신청할 수 있고, 가구원수는 세대별 주민등록표에 등록된 사람을 기준으로 합니다. 입주시에 전용면적별 가구원수 기준을 충족하지 못하면 계약체결이 불가하지만, 입주한 후 사망 등으로 가구원수가 준 경우에는 상관이 없습니다.

영구임대주택은 일반공급과 우선공급으로 나뉩니다. 일반공급에서 1순위는 국민기초생활보장 생계급여·의료급여 수급자, 국가유공자 또는 그 유족, 일본군위안부 피해자, 지원대상 한부모가족, 북한이탈주민, 등록장애인, 65세 이상 존속을 부양하는 사람, 아동복지시설에서 퇴소한 사람, 65세 이상 기초생활보장 수급자 또는 차상위계층 등입니다. 기초생활보장 수급자, 일본군위안부 피해자를 제외한 모든 대상은 전년도 도시근로자 가구당 월평균소득의 70% 이하이고, 영구임대주택의 자산요건을 충족한 경우에 신청할 수 있습니다.

일반공급의 2순위는 해당 세대의 월평균 소득이 도시근로자 월평균소득의 50% 이하인 자로서 자산요건을 충족하는 사람, 국토교통부장관 또는 시·도지사가 입주가 필요하다고 인정하는 사람, 등록장애인으로 도시근로자 월평균소득의 100% 이하이고 자산요건을 충족하는 사람입니다.

우선공급은 해당 세대의 월평균소득이 도시근로자 월평균소득의 70% 이하이고 무주택세대구성원으로서 국가보훈처장이 영구임대주택의 입주가 필요하다고 인정하는 국가유공자·보훈보상대상자·5·18민주유공자·특수임무유공자 또는 그 유족, 참전유공자입니다.

입주자 모집공고일 현재 신혼부부 또는 예비신혼부부인 무주택 수급자는 그 건설량의 10%를 1세대 1주택의 기준으로 우선 공급할 수 있습니다. 1순위는 혼인기간 중 출산(임신, 입양 포함)하여 자녀(미성년자에 한정)가 있는 사람이고, 2순위는 1순위에 해당되지 않는 경우입니다. 신청자가 많은 경우에는 미성년 자녀수, 해당 지역의 연속 거주기간, 주택청약저축납입회수, 혼인기간 등을 점수화하여 점수가 많은 사람이 입주합니다.

신청방법과 선정절차는 토지주택공사·서울주택도시공사 등이 공고하면, 희망자가 행정복지센터에서 신청자격을 확인받아 신청하고, 담당공무원이 인터넷상으로 신청내역을 등록하며 신청자에게 신청확인서를 교부합니다. 토지주택공사·서울주택도시공사 등이 신청내역을 확인하고, 입주자(대기자)를 선정하며, 계약 체결을 안내하고, 입주자는 계약 체결후 입주합니다.

입주자 선정은 단지별로 전용면적별로 경쟁하여 선정합니다. 종합점수는 해당 지역의 거주기간, 신청자의 연령, 세대원 수, 가점 배정에 따라 계산합니다. 동점인 경우에는 해당 지역 전입일이 빠른 사람- 신청자 연령이 높은 사람- 추첨으로 결정합니다.

임대기간은 기본계약이 2년이고, 2년마다 재계약시 자격여부를 확인하여 연장할 수 있습니다. 재계약의 소득기준은 생계·의료급여 수급자, 한부모가족 등은 도시근로자 월평균소득의 75% 이하이고, 국가유공자, 장애인, 탈북자, 아동복지시설 퇴소자 등은 월평균소득의 105% 이하이며, 일반(2순위)은 월평균소득의 75% 이하입니다. 자산은 총자산이 255백만 원 이하이고, 자동차는 3,683만 원 이하입니다. 자격을 상실한 사람이 계속 살기를 희망하면 월임대료를 증액하면 됩니다.

한국토지주택공사, 서울주택도시공사 홈페이지를 참조하기 바랍니다.

한국토지주택공사 https://www.lh.or.kr
마이홈 포털 https://www.myhome.go.kr
서울주택도시공사 https://www.i-sh.co.kr
서울주거포털 https://housing.seoul.go.kr

기존주택 매입임대주택

기존주택 매입임대주택은 국가나 지방자치단체의 재정이나 주택도시기금의 자금을 지원받아 기존주택을 매입하여 기초생활보장 수급자 등 저소득층과 청년 및 신혼부부 등에게 공급하는 공공임대주택입니다. 주택유형은 단독주택, 빌라 등이 많고, 아파트도 늘어나는 추세입니다.

주택공급방식과 사업유형은 일반 매입임대주택, 청년 매입임대주택, 신혼부부 매입임대주택 1, 신혼부부 매입임대주택 2, 청년·신혼부부 매입임대리츠주택, 고령자 매입임대주택, 다자녀 매입임대주택 등이 있습니다. 저소득층에게는 시중 시세의 30~40% 수준으로 임대하고, 대상자의 소득이 높아질수록 시중 임대료의 80%까지 받습니다.

신청자격과 신청방법은 세부 유형에 따라 다릅니다. 일반 매입임대주택의 신청자격은 입주자 모집공고일 현재 무주택세대구성원으로서 1순위는 생계·의료급여 수급자, 보호대상 한부모가구, 주거지원 시급가구(최저주거기준 미달 가구, 소득대비 임차료가 30% 이상 가구), 저소득고령자, 월평균소득의 70% 이하 장애인입니다. 2순위는 월평균소득의 50% 이하 가구, 월평균소득의 100% 이하 장애인입니다. 단, 시장 등이 긴급히 주거지원이 필요하다고 인정하는 무주택세대 구성원과 국가보훈처장이 인정하는 국가유공자와 그 가족은 우선 입주자로 선정될 수도 있습니다.

청년 매입임대주택의 입주자 자격요건은 공고일 현재 본인이 무주택자이며 아래 자격을 갖춘 청년(혼인중이 아닐 것)입니다. 청년(만 19세~39세), 대학생(입학예정자 포함), 취업준비생(대학교나 고등학교 등을 졸업·중퇴 후 2년 이내인 미취업자)이 생계·의료·주거 수급자, 차상위계층, 지원대상 한부모가족이면 1순위입니다. 2순위는 본인과 부모의 월평균 소득이 근로자 월평균소득의 100% 이하이고, 국민임대주택의 자산기준(총자산 36,100만 원, 자동차 3,683만 원 이하)을 충족하는 청년입니다. 3순위는 위의 1순위, 2순위에 해당되지 아니하는 사람 중 본인의 월평균소득이 기준의 100% 이하이고 행복주택(청년)의 자산기준(총자산 29,900만 원 이하, 자동차 3,683만 원 이하)을 충족하는 청년입니다. 단, 아동복지시설(가정위탁보호 포함) 퇴소자, 청소년쉼터 퇴소자는 우선 입주할 수 있습니다.

신혼부부 매입임대주택1의 입주자 자격요건은 공고일 현재 무주택세대구성원으로서 신혼부부(공고일 현재 혼인 7년 이내), 예비신혼부부(입주일 전일까지 혼인신고), 한부모가족(만 6세 이하 자녀를 둔 모자가족 혹은 부자가족), 유자녀 혼인가구(만6세 이하 자녀) 중 하나에 속하고 해당 세대의 월평균소득이 도시근로자 월평균소득의 70%(배우자가 소득이 있는 경우에는 90%) 이하이고, 국민임대 자산기준을 충족하는 사람입니다. 1순위는 자녀가 있는 (예비)신혼부부, 한부모가족이고, 2순위는 자녀가 없는 (예비)신혼부부이며, 3순위는 유자녀 혼인가구입니다.

신혼부부 매입임대주택2의 입주자 자격요건은 공고일 현재 무주택세대구성원으로서 신혼부부, 예비신혼부부, 한부모가족, 유자녀 혼인가구 중 하나에 속하고 해당 세대의 월평균소득이 도시근로자 월평균소득의 100%(배우자가 소득이 있는 경우에는 120%) 이하이고, 국민임대 자산기준을 충족하는 사람입니다. 1순위는 자녀가 있는 (예비)신혼부부, 한부모가족이고, 2순위는 자녀가 없는 (예비)신혼부부이며, 3순위는 유자녀 혼인가구입니다.

신혼부부 매입임대주택1과 2는 신혼부부의 소득기준과 임대조건에서 차이가 있습니다. 신혼부부1은 소득이 기준소득의 70% 이하일 때 신청할 수 있고 임대료는 시중 시세의 30%~40%이지만, 신혼부부2는 기준소득의 100% 이하일 때 신청할 수 있고, 임대료는 시중 시세의 60%~70%입니다.

청년·신혼부부 매입임대리츠주택의 입주자 자격조건은 무주택세대구성원으로서 해당 세대의 월평균소득이 도시근로자 월평균소득의 100%(배우자가 소득이 있으면 120%) 이하이고, 분양전환공공임대주택의 자산기준을 충족하는 (예비)신혼부부, 6세 이하 자녀가 있는 한부모가족·혼인가구, 청년 등입니다. 그중 1순위는 (예비)신혼부부, 6세 이하 자녀가 있는 한부모가족이고, 2순위는 청년, 3순위는 1순위와 2순위에 해당되지 않는 사람 중 6세 이하 자녀가 있는 혼인가구입니다.

고령자 매입임대주택의 입주자 자격요건은 공공주택사업자 또는 시장 등은 개량한 주택을 관할하는 지역에 거주하는 무주택세대구성원인 고령자를 대상으로 입주자를 선정합니다. 신청자가 많으면 연령, 가구원수, 거주기간 등을 고려하여 선정합니다.

다자녀 매입임대주택의 입주자 자격요건은 무주택세대구성원으로서 해당 세대의 월평균 소득이 도시근로자 월평균소득의 70% 이하이고, 자산기준을 충족하는 다자녀가구입니다. 국민기초생활보장 수급자가 우선 선정되고(생계급여- 의료급여- 주거급여- 교육급여 수급자- 차상위계층- 보호대상 한부모가족 순으로), 신청자가 많으면 자녀수가 많은 사람에게 가점이 있습니다.

매입임대주택의 신청방법은 일반 기존주택 매입임대주택의 경우에 입주희망자가 읍·면·동 행정복지센터에 신청하면, 시·군·구에서 입주대상자의 심의와 선정, 토지주택공사·서울주택도시공사 등에게 입주대상자를 선정 통보합니다. 신청 이후 절차는 입주희망자가 희망주택을 직접 방문하여 주택을 열람하고, 입주희망자가 공사를 방문하여 동·호별 입주신청을 하면, 공사는 입주 자격 조회, 입주자격 심사를 하여 대상자에게 개별 통보, 홈페이지에 당첨자 발표, 입주자는 공사와 계약 체결후 입주합니다.

한편, 청년, 신혼부부1, 2 매입임대주택의 청약은 토지주택공사·서울주택도시공사 홈페이지나 모바일로 신청할 수 있습니다. 홈페이지 청약센터를 클릭하고 청약신청(매입임대·전세임대)을 하면 됩니다.

일반 매입임대주택의 계약은 최초 2년이고, 입주 자격을 갖추면 2년 단위로 9회까지 재계약이 가능합니다. 청년 매입임대의 계약은 최초 2년이고 2년 단위로 2회까지 재계약할 수 있는데, 만약 입주후 혼인한 경우에는 추가로 2년 단위로 7회까지 재계약할 수 있습니다. 신혼부부 매입임대1의 계약은 2년 단위로 최장 20년, 신혼부부 매입임대2는 6년, 청년·신혼부부 매입임대리츠주택은 10년, 고령자와 다자녀 매입임대는 20년까지 살 수 있습니다.

매입임대주택에는 '공동거주형'이 있는데, 이는 한 침실별로 여러 명에게 공급되는 주택입니다. 공동거주는 동성인 경우에 한정되고, 형제자매가 신청할 때에는 형제 혹은 자매에게 우선 배정될 수 있습니다. 공동거주를 잘 모르고 신청했다가 계약을 포기하는 사례가 적지 않는데, 신청단계에서 거주형태가 단독인지 공동인지를 확인하기 바랍니다.

한국토지주택공사(청약센터)	https://apply.lh.or.kr
마이홈 포털	https://www.myhome.go.kr
서울주택도시공사	https://www.i-sh.co.kr

기존주택 전세임대주택

기존주택 전세임대주택은 국가나 지방자치단체의 재정이나 주택도시기금의 자금을 지원받아 기존주택을 임차하여 기초생활보장 수급자 등 저소득층과 청년 및 신혼부부 등에게 전대하는 공공임대주택입니다.

기초생활보장 수급자 등이 현 생활권에서 안정적으로 거주할 수 있도록 입주자로 선정된 자가 지원기준금액 범위 내에서 입주를 원하는 주택을 물색하면 주택의 소유자와 토지주택공사·서울주택도시공사 등이 전세계약을 체결하여 임대하는 주택입니다. 이는 기존주택을 '전세계약'하여 입주자에게 제공한다는 점에서 '매입'하여 입주자에게 주는 기존주택 매입임대주택과 다르지만, 입주대상자 등은 공통점이 많습니다.

전용면적은 국민주택규모(전용면적 85m²)이하이고, 1인 가구는 전용면적이 60m² 이하이지만, 가구원수가 5명 이상이거나 다자녀가구(미성년자인 자녀가 3명 이상, 태아 포함)는 85m² 초과 가구도 가능합니다.

대상 주택은 단독주택(단독, 다가구), 공동주택(아파트, 연립주택, 다세대), 주거용 오피스텔 등입니다. 대상주택의 보증금 한도액은 3억원 이하(신혼부부1은 3억3750만원 이내, 신혼부부2는 6억원 이내)이고, 세대구성원이 5인 이상일 때에는 예외가 가능합니다.

보증금 지원금액(1호당 지원금)은 지원기준 금액 중 자기부담금을 뺀 실지원금액을 지원합니다. 실제 집이 지원기준금액보다 많을 때에는 실제 금액에서 지원기준금액을 뺀 나머지 액수는 자부담입니다. 지원기준금액은 유형마다 다르고, 같은 유형에서도 지역에 따라 다릅니다.

2023년 기존주택 전세임대의 지원기준금액은 수도권(서울·경기·인천) 1억3000만원(그중 자기부담금은 650만원, 실지원금액은 최대 1억2350만원)이고, 신혼부부1은 1억4500만원(자기부담금 725만원, 실지원금액 1억3775만원), 신혼부부2는 2억4000만원(자기부담금 4800만원, 실지원금 1억9200만원)이다. 지원기준금액은 수도권에 비교하여 광역시(세종시 포함), 기타 지역 등은 줄어듭니다.

월임대료는 지원금액규모가 4천만 원 이하이면 연 1.0%이고, 4천만 원 초과 6천만 원까지는 연 1.5%이며, 6천만 원 초과 금액은 연 2.0%입니다. 그런데, 생계·의료급여 수급자, 다자녀, 청년은 우대금리를 차감하여 줍니다(최저금리는 1.0%). 월임대료는 입주 후 매월 공사 등에 납부합니다.

계약방식은 전세주택은 보증금한도액 3억2500만원 이내(신혼부부1은 3억3750만원, 신혼부부2는 6억 원 이내)에서 하고, 보증부월세주택은 기본보증금+월세금액(40만 원 이내)입니다. 만약, 전세지원금 9,000만 원 주택을 전세임대주택으로 임차한 경우에는 입주자 본인부담금 450만 원을 뺀 8,550만 원에 연리 2%를 곱하고 12개월로 나누면 월 142,500원입니다.

기존주택 전세임대(일반공급)의 신청자격은 현재 사업대상지역에 주민등록이 등재된 무주택세대구성원으로 1순위는 생계·의료급여 수급자, 한부모가족, 주거지원 시급가구, 도시근로자 월평균소득의 70% 이하 장애인, 저소득고령자이고, 2순위는 월평균소득의 50% 이하, 월평균소득의 100% 이하 장애인입니다.

청년전세임대는 무주택자이면서 혼인중이 아닌 만 19세 이상 39세 이하 청년으로 입주대상자로 선정된 사람입니다. 1순위는 생계·의료급여 수급자, 한부모가족, 주거지원 시급가구, 아동복지시설에서 보호종료아동, 월평균소득의 70% 이하 장애인이고, 2순위는 월평균소득의 50% 이하, 월평균소득의 100% 이하 장애인입니다. 전용면적 60㎡ 이하 주택으로 전세 또는 보증부 월세로 계약 가능한 주택입니다.

신혼부부전세임대 1유형과 2유형은 사업대상 시·군·구에 거주하는 무주택세대구성원이고 신혼부부, 예비신혼부부, 6세 이하 자녀를 둔 한부모가족, 6세 이하 자녀를 둔 혼인가구입니다. 다자녀전세임대는 두 명 이상의 자녀를 둔 가구에게 공급합니다.

모든 주택은 신청자가 많을 경우에는 '배점항목표'의 점수를 계산하여 많은 사람에게 배정됩니다. 해당 지역에 오래 거주하고, 부양가족수가 많으며, 청약저축 또는 주택청약종합저축에 가입회수가 많은 사람이 점수를 더 받습니다. 장애인이거나 65세 이상 존속을 부양할 때에는 가점이 있습니다.

기존주택 전세임대 중 일부(즉시전세임대, 청년, 신혼부부)는 수시로 접수를 받습니다. 기존주택 전세임대(일반)는 읍·면·동 행정복지센터에 신청하고, 신혼부부전세임대는 토지주택공사 청약센터 등에서 신청하기 바랍니다. 일반, 신혼부부1은 임대기간은 최초 2년 계약을 하고 조건을 갖추면 2년 단위로 9회까지 재계약을 할 수 있습니다. 신혼부부2는 최초 2년 계약하고 2회까지 재계약을 할 수 있고, 자녀수에 따라 4년까지 추가 연장할 수 있습니다.

입주조건이 바뀌는 경우가 있으니 관련 홈페이지를 살펴서 본인의 조건과 비교하기 바랍니다. 토지주택공사는 2020년 6월 8일에 신혼부부전세임대1형의 수시 모집대상자의 경우에 혼인기간을 7년 이내에서 10년 이내로 연장하였고, 입주대상자의 자녀의 나이를 만 6세에서 만 13세 이하로 완화하였습니다.

한국토지주택공사(청약센터) https://apply.lh.or.kr
마이홈 포털 https://www.myhome.go.kr
서울주택도시공사 https://www.i-sh.co.kr

재개발임대

재개발임대 특별공급은 '도시 및 주거환경정비법' 등에 따라 건설 또는 매입하여 재개발정비사업구역에 거주하는 무주택세대주인 철거세입자 등에게 특별공급하는 임대주택이고, 일반공급은 남은 공가를 저소득계층의 주거안정을 위해 공급하는 임대주택입니다.

전용면적별(39㎡ 이하, 49㎡ 이하, 84㎡ 이하)로 임대보증금과 월 임대료는 다른데, 시중 가격보다 매우 저렴합니다.

특별공급 대상은 주택재개발사업으로 철거되는 주택의 거주자로서 해당 조합에서 임대주택입주대상자로 선정된 철거 세입자로 무주택세대주(세대원 전원이 무주택)이어야 합니다. 일반공급 대상은 무주택세대구성원으로 소득은 도시근로자 월평균소득의 50% 이하(1순위)와 70% 이하(2순위)로 나뉘고, 총자산가액은 361백만 원 이하이어야 합니다.

신청은 서울의 경우 서울주택도시공사 인터넷청약시스템에서 청약하기- 현재 청약하는 임대주택 공고- 단지 또는 지구 선택- 신청자격 확인- 인적사항 작성과 청약서약- 가점입력- 인증확인- 나의 청약내역 확인 순으로 할 수 있습니다.

일반공급은 입주자 모집공고일 현재 신청자 나이, 부양가족수, 연속거주기간, 65세 이상 직계존속 부양, 19세 미만 자녀의 수, 주택청약저축 납입 횟수, 중소기업 종사자, 사회취약계층 등에 대한 가점을 합산하여 점수가 많은 사람이 우선 선정됩니다.

입주자는 2년 단위로 계약하고, 자격(기준 소득의 105% 이하이고 총자산 361백만 원 이하)을 충족할 때 2년 단위로 재계약할 수 있습니다. 가구 소득이 기준소득의 70%를 넘길 경우에 기준 임대보증금과 임대료가 인상될 수 있습니다.

서울주택도시공사 https://www.i-sh.co.kr

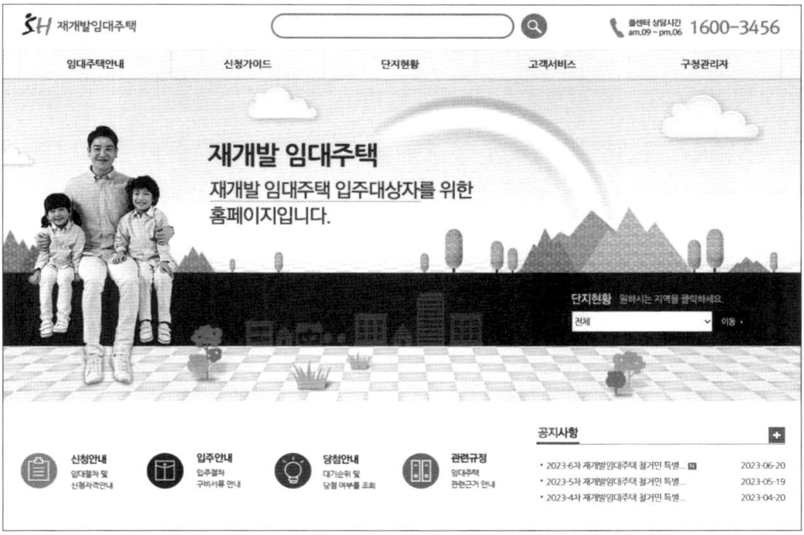

국민임대주택

국민임대주택은 국가나 지방자치단체의 재정이나 주택도시기금의 자금을 지원받아 저소득 서민의 주거안정을 위하여 30년 이상 장기간 임대를 목적으로 공급하는 공공임대주택입니다.

전용면적별(39m² 이하, 49m² 이하, 59m² 이하)로 임대보증금과 월 임대료는 다른데, 임대료는 재개발임대보다 높지만 시중 가격보다 저렴합니다.

신청자격은 입주자모집공고일 현재 무주택세대구성원이면서 소득기준은 도시근로자 월평균소득의 50% 이하, 70% 이하, 100% 이하 집단으로 나뉘고, 총자산가액이 361백만 원(그중 자동차 3,683만 원 이하) 이하이어야 합니다.

전용면적 규모에 따라 소득기준은 다릅니다. 전용면적 50m² 미만은 가구 월평균소득이 도시근로자 월평균소득의 50% 이하인 사람, 위의 기준에 따른 공급 후 남은 주택에 대해서는 월평균소득의 70% 이하인 사람입니다. 전용면적 50m² 이상 60m² 미만은 가구 월평균소득이 근로자 월평균소득의 70% 이하인 사람(단독세대주는 제외)이고, 전용면적 60m² 초과는 가구 월평균소득이 근로자 월평균소득의 100% 이하인 사람(단독세대주는 제외)입니다.

주거약자는 국민임대주택의 일부를 우선 공급받습니다. 주거약자는 65세 이상 고령자, 등록장애인, 국가유공자로서 상이등급 1급부터 7급까지의 판정을 받은 사람, 보훈대상자로서 상이등급 1급부터 7급까지의 판정을 받은 사람, 5·18민주화운동부상자, 고엽제후유의증환자로서 경도장애 이상의 판정을 받은 사람 중 하나 이상에 해당되는 사람입니다.

국민임대주택의 우선 공급 대상자는 철거민 등, 노부모 부양자, 장애인, 국가유공자 등, 장기복무 제대군인, 북한이탈주민, 납북 피해자, 중소기업 근로자, 비정규직 근로자, 가정폭력 피해자, 지원대상 한부모가족, 소년소녀가정 등, 65세 이상 고령자, 범죄 피해자, 탄광근로자, 해외거주 재외동포, 등록포로, 파독근로자, 다자녀 가구, 비닐간이공작물 거주자, 영구임대 입주자중 자격상실자, 독립유공자, 저소득 근로 신혼부부 등입니다. 해당되는 사람은 이를 증빙하는 서류를 제출해야 합니다.

한편, 신혼부부, 자녀가 만6세 이하인 한부모가족 우선공급은 일반공급 등과는 다른 별도의 순위가 적용됩니다. **신혼부부**는 혼인중인 사람으로 혼인기간이 7년 이내인 사람이고, 예비신혼부부는 혼인을 계획 중이며 해당 주택의 입주 전까지 혼인사실을 증명할 수 있는 사람입니다. 자녀가 만 6세 이하인 한부모가족은 자녀가 신청자와 동일한 세대별 주민등록표 등본에 등재된 경우에 한 합니다.

신청방법과 선정절차는 입주자 모집공고- 청약신청 접수- 서류제출 대상자 발표- 대상자 서류제출- 소득·자산소명- 당첨자 발표- 계약 체결로 이루어집니다. 현장접수는 사업주체가 지정한 장소에서 신청서 작성과 관련서류를 제출하는 방식이고, 인터넷 접수는 토지주택공사나 서울주택도시공사 홈페이지에서 할 수 있습니다.

임대조건은 최장 30년까지 거주할 수 있는데, 2년마다 재계약을 할 때 자격유지 여부를 확인하고 임대보증금이 연 5% 이내로 인상될 수 있습니다.

한국토지주택공사(청약센터)	**https://apply.lh.or.kr**
마이홈 포털	**https://www.myhome.go.kr**
서울주택도시공사	**https://www.i-sh.co.kr**

행복주택

행복주택은 국가나 지방자치단체의 재정이나 주택도시기금의 자금을 지원받아 대학생, 청년, 신혼부부 등 예비신혼부부와 고령자, 주거급여 수급자, 산업단지 근로자, 기존 거주자(철거민)의 주거안정을 목적으로 공급하는 공공임대주택입니다.

전용면적별 평균 임대보증금과 월 임대료는 국민임대주택보다 보증금이 많고 임대료도 조금 높지만, 시중 가격보다 저렴합니다. 전용면적은 $39m^2$ 이하, $49m^2$ 이하, $59m^2$ 이하이고, 연간 3~4회 공고합니다.

신청자격은 소득과 자산기준을 갖춘 성년자인 무주택세대구성원입니다. 다만, 대학생, 청년, 예비신혼부부는 성년자가 아닌 경우에도 가능합니다.

소득기준은 대학생, 청년, 신혼부부, 고령자마다 다릅니다. 청년은 본인을 기준으로 월평균소득이 도시근로자 월평균소득의 80% 이하이어야 합니다. 세대원이 있는 청년, 신혼부부, 고령자는 해당자의 소득기준, 대학생은 본인과 부모의 소득 기준으로 근로자 월평균소득의 100% 이하이어야 합니다. 맞벌이 신혼부부는 소득이 근로자 월평균소득의 120% 이하(2인 가구 맞벌이는 130% 이하)이면 신청할 수 있습니다.

자산기준은 부동산, 자동차, 금융재산, 기타자산을 합산한 금액에서 부채를 빼고 계산합니다. 금융재산과 부채는 공고일 현재 사회보장정보시스템에서 조회된 정보를 기준으로 합니다. 대학생은 본인 총자산이 86백만 원 이하, 청년(세대주가 아닌 경우)은 299백만 원 이하, 신혼부부·고령자는 가구 총자산이 361백만 원 이하일 때 선정될 수 있습니다. 총자산과 별도로 자동차 보유기준에 맞아야 하는데, 대학생은 자동차를 소유하지 않아야 하고, 청년(세대주가 아닌 경우 본인만), 신혼부부, 고령자는 3,683만 원 이하이어야 합니다.

신청방법과 선정절차는 입주자 모집공고- 청약신청 접수- 서류심사 대상자 발표- 대상자 서류제출- 당첨자 발표- 계약 체결로 이루어집니다. 접수는 현장접수와 인터넷접수를 할 수 있습니다.

최초 계약기간은 2년이고, 입주자격을 충족할 때 2년 단위로 재계약할 수 있습니다. 대학생, 청년은 최대 6년간, 신혼부부는 무자녀면 6년, 자녀가 1명 이상 있으면 10년까지 살 수 있습니다. 한부모가족은 최장 10년, 고령자·주거급여 수급자는 20년, 산업단지 근로자는 6년, 기존 거주자(철거민)는 20년까지 살 수 있습니다.

거주 중 입주자격을 상실하는 경우 바로 퇴거하지는 않으나, 갱신계약을 할 수는 없습니다. 단, 자동차, 자산, 주택소유 기준을 초과할 때에는 즉시 퇴거대상이 될 수도 있습니다.

한국토지주택공사(청약센터)	https://apply.lh.or.kr
행복주택청약센터	http://ourhappyhome.dsrct.co.kr
서울주택도시공사	https://www.i-sh.co.kr
경기주택도시공사	https://www.gh.or.kr

공공임대와 주거환경임대

공공임대와 주거환경임대는 정부가 무주택 시민을 위하여 건설한 주택으로서 도시·군계획사업과 주거환경개선사업 등으로 발생한 철거민 등에게 우선 공급하고 남은 공가를 공급하는 임대주택입니다.

전용면적별로 평균 임대보증금과 월 임대료는 다릅니다. 공공임대는 전용면적 39m² 이하, 49m² 이하, 59m² 이하, 84m² 이하로 구분되고, 주거환경임대는 30m² 이하, 30m² 초과~40m² 이하, 40m² 초과~84m² 이하로 구분됩니다.

신청자격은 입주자모집공고일 현재 해당 지역에 거주하는 성년자인 무주택세대구성원이면서 소득과 재산기준에 해당하는 사람입니다. 가구 월평균소득이 도시근로자 월평균소득의 70% 이하(전용면적 60m² 이하) 및 120% 이하(전용면적 60m² 초과)이고, 부동산이 215.5백만 원 이하이고, 자동차가 3,683만 원 이하이어야 합니다.

동일순위 경쟁 시 입주자 선정기준은 전용면적 40m² 이하의 주택은 1) 5년 이상 무주택자로서 청약저축 납입횟수, 2) 3년 이상 무주택자로서 청약저축 납입횟수, 3) 청약저축 납입횟수가 많은 자입니다. 40m² 초과의 주택은 1) 5년 이상 무주택자로서 매월 약정납입일에 월납입금을 60회 이상 납입한 자 중 저축총액, 2) 3년 이상 무주택자로서 청약저축 저축총액, 3) 청약저축총액이 많은 자입니다.

신청방법과 선정절차는 입주자 모집공고- 청약신청 접수- 서류제출 대상자 발표- 대상자 서류제출- 소득·자산 소명- 당첨자 발표- 계약 체결의 순서입니다. 임대차 계약기간은 2년이며, 자격을 충족한 자는 2년 단위로 재계약을 할 수 있습니다. 재계약시에 소득기준 초과비율이 50% 이하일 때에는 임대료와 임대보증금을 할증하여 계약할 수 있지만, 50%를 초과하면 퇴거해야 합니다.

LH 청약센터
분양·임대정보 분양·임대가이드 인터넷청약 고객서비스

분양·임대 가이드
토지
분양주택(공임 포함)
신혼희망타운
상가
임대주택
국민임대
공공임대
영구임대
장기전세
매입임대/전세임대

콜센터
1600-1004
평일 09:00~18:00
토,일,공휴일 휴무

원격지원서비스
고객님의 PC에 원격으로 접근하여 지원해드립니다.
서비스신청

분양·임대가이드 > 임대주택

공공임대 분양가이드

인쇄 >

소개 | 임대절차 | 입주자격 | 임대조건 | 제출서류

□ 소개

› 5년(10년) 공공임대주택

5년(10년)의 임대기간 종료 후 입주자에게 우선 분양전환하는 주택

[입주자격 및 임대조건]

구분	입주자격	임대조건	비고
전용 85㎡ 이하	무주택세대구성원으로서 입주자저축(청약저축 포함) 가입자 우선	보증금+월임대료	시중 시세 90% 수준
전용 85㎡ 초과	만19세 이상인 자로서 입주자저축(청약예금 포함) 가입자 우선	보증금+월임대료	시중 시세 수준

› 분납 임대주택

입주자가 입주시까지 집값의 일부만을 초기 지분금(30%)으로 납부하고 임대기간(10년) 동안 단계적으로 잔여분납금을 모두 납부하고 분양전환 받는 주택

[입주자격 및 임대조건]

구분	입주자격	임대조건	비고
전용 85㎡ 이하	무주택세대구성원으로서 입주자저축(청약저축 포함) 가입자 우선	분납금+월임대료	-
전용 85㎡ 초과	만19세이상인 자로서 입주자저축(청약예금 포함) 가입자 우선	분납금+월임대료	-

보증금 지원형 장기안심주택

보증금 지원형 장기안심주택은 무주택 시민의 안정적인 주거생활에 도움이 될 수 있도록, 전월세 세입자가 입주를 원하는 주택의 보증금 30%(보증금이 1억 원 이하인 경우 50%), 최대 45백만 원(신혼부부 특별공급은 60백만 원)을 최장 10년까지 서울특별시에서 지원하는 공공임대주택입니다.

전용면적 60m² 이하(2인 이상 가구 85m² 이하) 약 2,500호(2022년의 경우)를 지원합니다. 대상 주택은 건축물관리대장상 단독주택(다가구주택 포함), 상가주택(그중 주거용에 한함), 다세대주택·연립주택, 아파트, 오피스텔(전입신고를 하는 주거용에 한함)은 지원이 가능하고, 이외의 건물은 지원이 불가합니다.

재계약하는 경우 기존 보증금 10% 이하의 보증금 인상분에 대하여 그 인상분의 30%를 무이자 지원합니다. 2년 단위 재계약으로 최대 10년간 지원이 가능합니다.

일반공급은 가구 월평균소득이 도시근로자 월평균소득의 100% 이하이고 모든 부동산이 215.5백만 원 이하(자동차는 3,683만 원 이하)이고, 특별공급(신혼부부)은 가구 월평균소득이 근로자 월평균소득의 120% 이하이고 부동산 기준은 일반공급과 같습니다.

신청자 경쟁 시 신청자 나이, 부양가족수, 지역 연속거주기간, 미성년자녀의 수, 청약저축 납입횟수, 사회취약계층에 따른 가점 기준에 따라 합계 점수가 높은 사람이 우선입니다.

서울주거포털 https://housing.seoul.go.kr

장기전세주택

장기전세주택은 국가나 지방자치단체의 재정이나 주택도시기금의 자금을 지원받아 전세계약의 방식으로 공급하는 공공임대주택입니다. 중산층, 실수요자를 위해 주변 전세 시세의 80% 이하로 최장 20년까지(2년마다 재계약) 거주 가능한 장기임대아파트이고, 건설형과 재건축·역세권 등 매입형이 있습니다.

전용면적별 평균 임대보증금은 59m² 이하, 84m² 이하, 85m² 초과에 따라 다릅니다.

신청자격은 입주자모집공고일 현재 서울특별시에 거주하는 성년자인 무주택세대구성원으로서 유형별 소득, 부동산, 자동차 기준과 기타 관련법에서 정한 요건을 충족한 사람입니다. 전용면적 60m² 이하의 주택은 가구 월평균소득이 도시근로자 월평균소득의 100% 이하(건설형은 70% 이하인 사람에게 우선 공급), 60m² 초과~85m² 이하의 주택은 기준소득의 120% 이하, 85m² 초과의 주택은 기준소득의 150% 이하이고, 부동산은 215.5백만 원 이하와 자동차는 3,683만 원 이하이어야 합니다.

신청방법과 선정절차는 일반공급(공사 건설형, 재건축·재개발 매입형), 일반공급(주거약자), 건설형 장기전세 우선공급에 따라 다릅니다. 일반공급(공사 건설형)은 1순위는 청약저축에 가입하여 2년이 경과한 자로서 매월약정납입일에 월납입금을 24회 이상 납입한 자이고, 2순위는 청약저축에 가입하여 6개월이 경과한 자로서 6회 이상 납입한 자이며, 3순위는 1순위와 2순위에 해당되지 않는 자입니다.

일반공급(주거약자)의 공통신청자격은 고령자, 등록장애인, 국가유공자로서 상이등급 1급부터 7급까지, 보훈보상대상자로서 1급부터 7급까지, 5·18민주화운동부상자로서 신체장해등급 1급부터 14급까지, 고엽제후유의증환자로서 경도 장애 이상의 자입니다. 그리고 60m² 이하의 주택은 청약저축 24회 이상 납입한 사람이 1순위이고, 6회 이상 납입한 사람이 2순위이며, 그 외의 사람이 3순위입니다.

건설형 장기전세 우선공급 대상은 철거민 등, 노부모 부양·장애인·국가유공자 등, 다자녀가구, 영구임대주택 퇴거자, 비닐간이공작물 거주자, 신혼부부·한부모가족입니다.

일반공급과 우선공급의 동일순위 경쟁시에 공급신청자의 서울특별시 거주기간(만19세 이후), 무주택거주기간(만 30세 이후 또는 혼인신고일 중 앞선 날짜 기준), 신청자의 나이, 부양가족수(태아 포함), 미성년 자녀의 수(태아 포함), 청약저축납입 횟수(85m² 이하), 청약저축 예금(85m² 초과), 만 65세 이상 직계존속의 부양, 무주택세대 구성원 전원의 소득기준에 따라 가점의 합계와 감점의 합계 점수가 높은 사람입니다. 주거약자용 주택도 가점과 감점을 합산한 점수가 높은 사람으로 선정됩니다.

서울주택도시공사 https://www.i-sh.co.kr
서울주거포털 https://housing.seoul.go.kr

희망하우징(공공기숙사)

희망하우징은 서울주택도시공사에서 건설한 공공기숙사를 서울 소재 대학교에 재학 중인 학생에게 저렴하게 공급하는 대학생 전용 임대주택입니다. 전용면적 11.05m²의 임대보증금은 1백만 원이고 월 임대료는 58,100원~133,300원이며, 각종 공과금과 관리비가 부과될 수 있습니다.

신청자격은 공고일 현재 서울 소재 대학교(전문대 포함)에 재학 중(복학예정자, 입학예정자 포함)인 학생으로 입주 자격을 갖춘 무주택자(본인)입니다. 다만, 기혼자, 졸업유예자, 직장 재직 대학생, 재외국민은 신청이 불가합니다.

1순위는 생계·의료·주거급여 수급자 가구, 보호대상 한부모가족, 차상위계층 가구이고, 2순위는 본인과 부모의 월평균소득이 도시근로자 월평균소득의 100% 이하이고 총자산이 361백만 원 이하(자동차 3,683만 원 이하)이며, 3순위는 1·2순위에 해당되지 않는 사람 중 본인의 월평균소득이 기준소득의 100% 이하이고 총자산 8,600만 원 이하(개별 자동차 무소유)입니다.

가점사항을 보면, 1순위자는 생계·의료급여 수급자, 한부모가족, 2·3순위자는 해당 순위 소득기준의 50% 이하에게 가점이 있습니다. 공통적으로 부모가 무주택자, 서울 이외의 시·군 출신자, 민간임대주택 거주자, 장애인(본인), 장애인가구는 가점이 있습니다.

입주자 선정방법은 공급호수의 3배수를 서류심사 대상자로 선정하고, 순위 간 경합 시 상위순위를 우선 선정하며, 순위내 경합 시 가점 총점이 높은 순으로 선정합니다. 동일 점수이면 가점사항 각 항목의 순서에 따라 점수 순으로 선정합니다.

서울주택도시공사 인터넷청약시스템으로 신청합니다. 임대기간은 2년이고, 자격 유지할 때 2회 재계약을 하여 6년까지 살 수 있습니다.

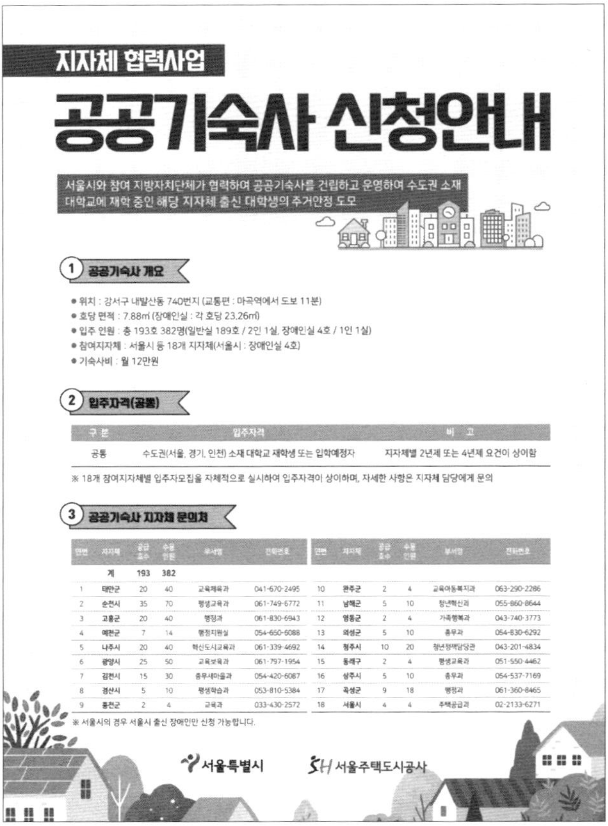

지자체 협력사업

공공기숙사 신청안내

서울시와 참여 지방자치단체가 협력하여 공공기숙사를 건립하고 운영하여 수도권 소재 대학교에 재학 중인 해당 지자체 출신 대학생의 주거안정 도모

1 공공기숙사 개요

- 위치 : 강서구 내발산동 740번지 (교통편 : 마곡역에서 도보 11분)
- 호당 면적 : 7.88㎡ (장애인실 : 각 호당 23.26㎡)
- 입주 인원 : 총 193호 382명(일반실 189호 / 2인 1실, 장애인실 4호 / 1인 1실)
- 참여지자체 : 서울시 등 18개 지자체(서울시 : 장애인실 4호)
- 기숙사비 : 월 12만원

2 입주자격(공통)

구분	입주자격	비고
공통	수도권(서울, 경기, 인천) 소재 대학교 재학생 또는 입학예정자	지자체별 2년제 또는 4년제 요건이 상이함

※ 18개 참여지자체별 입주자모집을 자체적으로 실시하여 입주자격이 상이하며, 자세한 사항은 지자체 담당에게 문의

3 공공기숙사 지자체 문의처

연번	지자체	공급호수	수용인원	부서명	전화번호
	계	193	382		
1	태안군	20	40	교육체육과	041-670-2495
2	순천시	35	70	평생교육과	061-749-6772
3	고흥군	20	40	행정과	061-830-6943
4	예천군	7	14	행정지원실	054-650-6088
5	나주시	20	40	혁신도시교육과	061-339-4692
6	광양시	25	50	교육보육과	061-797-1954
7	김천시	15	30	총무새마을과	054-420-6087
8	경산시	5	10	평생학습과	053-810-5384
9	홍천군	2	4	교육과	033-430-2572

연번	지자체	공급호수	수용인원	부서명	전화번호
10	완주군	2	4	교육아동복지과	063-290-2286
11	남해군	5	10	청년혁신과	055-860-8644
12	영동군	2	4	가족행복과	043-740-3773
13	의성군	5	10	총무과	054-830-6292
14	청주시	10	20	청년정책담당관	043-201-4834
15	동래구	2	4	평생교육과	051-550-4462
16	상주시	5	10	총무과	054-537-7169
17	곡성군	9	18	행정과	061-360-8465
18	서울시	4	4	주택공급과	02-2133-6271

※ 서울시의 경우 서울시 출신 장애인만 신청 가능합니다.

서울특별시　SH 서울주택도시공사

맞춤형 임대주택

맞춤형 임대주택은 홀몸 어르신, 노인가구, 휠체어 사용자, 만성질환관리제도 대상자 등 주거복지 욕구가 큰 사람이 보다 편리하게 생활할 수 있도록 건설한 수요자 맞춤형 공공임대주택입니다.

의료안심주택은 무장애시설이 설치되어 있고, 의료시설 인근에 건설되어 의료서비스 이용의 편리성을 제공합니다. 신내의료안심주택은 전용면적 18m²와 29m²이고, 서울시 1인 가구 무주택세대주 또는 2인 가구 무주택세대구성원으로 가구 소득이 전년도 도시근로자 월평균소득의 70% 이하(50% 이하를 우선 선정)이고, 총자산이 361백만 원 이하(자동차 3,683만 원 이하)인 사람이 신청할 수 있습니다.

여성안심주택은 1인 여성가구의 안전과 생활패턴을 반영한 수요자 맞춤형 임대주택입니다. 무인택배시스템, 수도검침 외부에서 처리, 세대별 24시간 비상벨 등 여성의 안전고려, 여성용 신발·의류 보관을 위한 높낮이가 다른 가구배치로 실용성을 추구합니다.

또한, 1인 창조기업인 원룸형 공공주택, 예술인협동조합 공공주택, 육아협동조합 공공주택, 자립기반이 취약한 청년(만 19~39세)을 위한 청년협동조합 공공주택, 65세 이상 지하·반지하 거주 수급자를 위한 홀몸어르신 맞춤형 공공원룸주택, 다문화 한부모가족을 위한 맞춤형 공공주택, 독립·민주유공자와 그 유가족을 위한 공공임대주택, 사회적 경제기업 종사자를 위한 임대주택 등도 있습니다.

쇼셜믹스복합단지는 청년, 신혼부부, 예술인, 한부모 가족, 홀몸어르신 등 입주자간 소통과 교류를 통한 생활문제를 해결하고 공동체 활동을 함께하는 주택으로 소규모 공동주택 안에 독립된 공동체 공간을 갖추고 있고, 공동체주택 관리 규약이 마련된 주택입니다.

서울주거포털 https://housing.seoul.go.kr

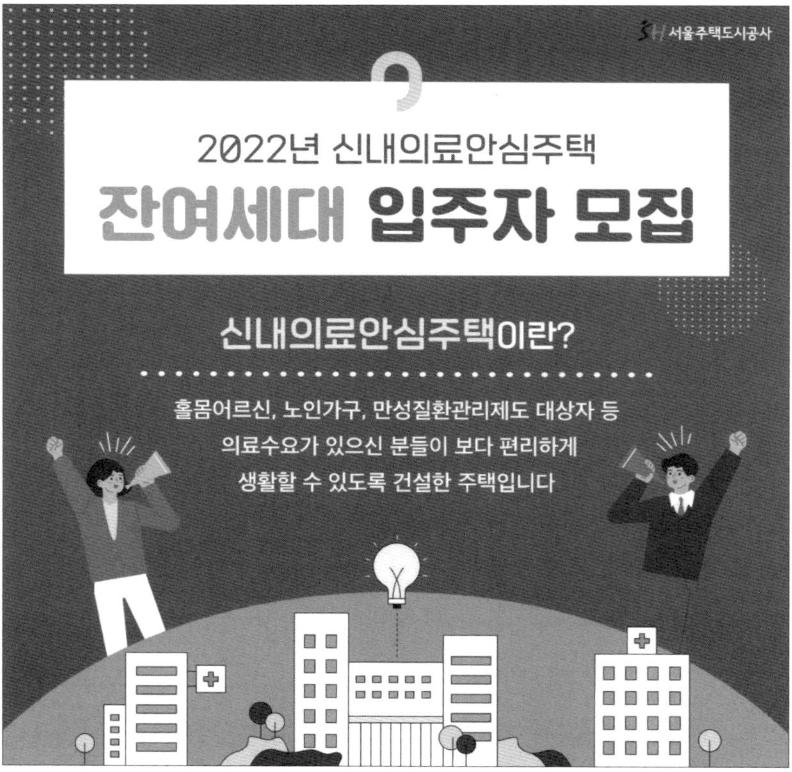

지원주택

지원주택은 신체적 또는 정신적 문제로 자립생활을 유지하기 위해 지원이 필요한 이들을 위하여 임대주택 공급시 개인별 맞춤형 주거유지지원서비스를 함께 제공하는 주택입니다.

주거유지지원서비스 중 사회복지서비스지원은 정신질환이나 알코올질환자를 위한 동료상담과 자조집단 연계, 폐해감소접근서비스, 회복기반서비스, 쉬운 용어·책자 등을 통한 서비스 설명 등입니다. 의료와 건강관리지원은 질환에 따른 약물복용과 관리, 병원 동행, 운동 등 건강유지 지원, 정신건강증진센터·알코올상담센터·보건소 등과 연계입니다. 취업상담과 자립지원은 월 급여 또는 수급비 등 수입에 따른 예산 재정관리 지원, 지역자활센터 등과 연계한 고용지원과 취업유지입니다. 지역사회 연계는 종교활동, 마을활동 등을 통한 정착 지원입니다. 기타 각종 지원서비스는 일상생활과 주택 내부 환경 유지를 위한 지원, 질환의 재발, 중독 등 건강문제, 갈등관리, 기타 위기관리지원이 있습니다.

신청 대상은 만 19세 이상인 무주택세대구성원 1인 가구 혹은 시설에 거주하는 등록장애인, 노숙인, 정신질환자, 노인입니다. 소득기준은 노숙인, 정신질환자, 노인은 가구 월소득이 도시근로자 월평균소득의 50% 이하이고, 장애인은 월평균소득의 100% 이하입니다. 자산기준은 총자산가액이 255백만 원 이하이고, 자동차는 3,683만 원 이하이어야 합니다.

임대보증금은 300만 원, 월 임대료 평균은 27만 원(9만 원~42만 원, 주택마다 차이가 있음)으로 시세의 30% 수준입니다. 임대기간은 2년이며, 자격을 갖추면 2년 단위로 9회까지 재계약을 할 수 있습니다. 서비스제공기관에서 6개월마다 지원서비스 필요도를 심사하며, 더 이상 필요하지 않다고 판단될 때 서비스 종료와 퇴거를 시킬 수도 있습니다.

■ 서울시 장애인 자립지원 주택

구분	장애인 지원주택 (SH 공급형)	발달장애인 지원주택 통합서비스 (SH 비공급형)	장애인자립생활주택
개념	공공임대주택 + 주거서비스	본인이 거주하고 있는 집에 주거서비스만 제공	공공임대주택, 민간주택 + 주거서비스 (코디네이터 인력 지원)
이용대상	만18세 이상 등록장애인 (발달장애인 우선)	만18세 이상 발달장애인 (탈시설장애인인 경우 타장애 가능)	탈시설 욕구가 있는 서울시 거주시설 이용 장애인
입주인원 (주택 당)	1인 원칙 (2~3인 공동거주 가능)	1인 (2~3인 공동거주 가능)	2인 (가형, 나형은 3인 가능)
공급목표	68호(2019)→128호(2020) →248호(2022)	26호(2019)→40호(2020) →120호(2022)	74호(2019)→81호(2020) →91호(2022)

역세권청년주택

역세권청년주택은 무주택 대학생, 청년과 신혼부부의 주거안정을 위하여 민간과 공공이 협력하여 대중교통 중심 역세권에 공급하는 임대주택입니다. 임대보증금과 월 임대료는 단지와 전용면적별로 다르기에 모집공고문을 참고하기 바랍니다.

대학생 계층 중 대학생은 대학에 재학중이거나 다음 학기에 입학 또는 복학 예정인 자, 졸업유예자 중 하나에 해당되면 되고, 취업준비생은 대학 또는 고등학교를 졸업 또는 중퇴한 지 2년 이내의 청년으로 혼인 중이 아니어야 합니다. 신청자와 부모의 월평균소득 합계가 도시근로자 월평균소득의 100% 이하이고, 신청자와 부모의의 총자산이 361백만 원 이하이며 자동차를 소유하지 않아야 합니다.

청년 계층은 만 19세 이상 만 39세 이하인 사람이 혼인 중이 아니어야 합니다. 해당세대의 월평균소득이 기준소득의 100% 이하이고, 본인의 월평균소득이 기준소득의 70% 이하이고, 해당세대의 총자산이 299백만 원 이하(자동차를 소유하지 않음)이어야 합니다.

신혼부부 계층은 혼인중인 신혼부부와 예비신혼부부입니다. 만 19세 이상 만 39세 이하이고, 혼인기간이 7년 이내일 것, 해당세대의 소득이 근로자 월평균소득의 100% 이하, 총자산이 361백만 원 이하(자동차를 소유하지 않음)이어야 합니다.

신청자가 많을 경우에는 신청자와 부모의 월평균소득이 기준소득의 50% 이하인 세대에게 먼저 공급하고, 남으면 70% 이하인 세대, 남으면 100% 이하인 세대에게 공급합니다. 동일 순위가 경쟁할 때에는 소득순위- 지역순위- 추첨으로 결정합니다.

임대기간은 2년인데, 기준을 충족할 때 대학생과 청년은 6년까지, 신혼부부는 6년이지만 자녀가 1명 이상이면 10년까지 살 수 있습니다.

5 신청접수 안내

■ 인터넷청약안내

"**인터넷 청약**, 스마트폰으로도 OK!", "24시간 신청가능(마감시간 내)"
- 최종청약일 마감시간(17:00)까지만 운영 -
서울주택도시공사 인터넷청약시스템(www.i-sh.co.kr/app)
[**역세권 청년주택** 임대주택 신청은 새로운 주소(도로명 주소)로만 청약접수를 받습니다.
반드시 새로운주소(도로명주소)로 청약하시어 불이익이 없도록 유의하여 주시기 바랍니다]

○ **인터넷 신청 시 유의사항**

제출서류가 누락되거나 신청내용이 사실과 다른 경우 자격요건(해당신청자격, 무주택여부, 월평균소득, 주민등록번호, 배우자 유무, 현주소지 최종전입일 등) 서류심사 시 신청자격 결격처리 되오니 불이익을 받지 않도록 공고문이나 홈페이지에 게시한 공고내용을 정확히 인지한 후 신청하시기 바랍니다. (가급적 해당 서류를 사전에 발급받아 확인해 주십시오.)

➔ 본인 착오로 인해 기입한 내역은 절대 변경 불가능합니다. (본인에게 유리한 방향으로 변경 불가)

○ **인터넷 신청**

- 인증서는 인터넷뱅킹을 위하여 금융기관에서 발급한 공동인증서나, 5대 인증기관(금융결제원, 코스콤, 한국정보인증, 한국전자인증, 한국무역정보통신)의 공동인증서 또는 네이버인증서를 사용하고 있으므로 이들 기관에서 발급한 개인용 인증서를 소지하셔야 인터넷 신청을 할 수 있습니다.
  ※ 인터넷 청약을 위한 사전준비사항 : 개인용 공동인증서 또는 네이버인증서 발급 및 소지
- 신청자격, 소득 등 입력사항에 대해서는 가급적 사전에 본인이 직접 해당서류 등을 확인하시고 신청하시기 바랍니다.

○ **신청순서**

- 서울주택도시공사 인터넷청약시스템(www.i-sh.co.kr/app)에 접속(PC 및 모바일 가능)

1단계	2단계	3단계	4단계	5단계	6단계	7단계	8단계
로그인 (인증서 본인확인)	임대주택 - 공고선택	단지 및 주택형 선택	신청자격 확인	인적사항 작성 및 청약서약	추가사항 입력	인증서 인증확인	나의 청약내역 확인

○ **신청시간**

- **신청기간은 2021. 05. 12.(수) 10:00 ~ 05. 14.(금) 17:00**이며 신청마감시간까지 신청을 완료(저장기준)하여야 합니다. **따라서 마감시간에 임박하여 신청하지 마시고, 미리 인터넷에 접속하여 여유 있게 신청해 주십시오.**

집주인임대

집주인임대는 주택도시기금 지원, 세금감면 등 공공지원을 바탕으로 민간이 소유한 주택을 토지주택공사에 위탁임대하고, 공사는 무주택자 또는 무주택세대구성원을 대상으로 공급 운영하는 임대주택입니다.

전용면적별로 임대보증금과 월 임대료는 다릅니다. 예컨대, 서울 강서구에 있는 전용면적 26~29 ㎡의 임대보증금은 27,499천 원이고, 월 임대료는 641,580원입니다.

신청자격은 신청일 현재 무주택자 또는 무주택세대구성원으로서 해당 세대의 월평균소득은 명시되어 있지 않습니다.

입주자의 경우 순번을 정하여 선정한 후, 순번에 따라 희망하는 주택(동·호)을 선택할 수 있습니다. 예비자는 주택유형별로 순번을 정하여 관리하게 되며, 입주자가 미계약, 공가세대(해약세대 발생 등) 발생시 계약순번에 의거 순차적으로 임대차계약을 진행하므로 실제 입주까지 상당기간이 소요될 수 있습니다.

입주자 선정절차는 인터넷으로 신청하고, 자격검증(주택소유 여부)을 거쳐, 소명접수와 심사를 하고, 예비자 관리(접수순번)를 하고, 임대차계약을 체결합니다.

임대기간은 2년이며, 기준에 맞으면 2년 단위로 재계약을 할 수 있습니다. 단, 당해 임대주택에 대한 토지주택공사 위탁임대 기간에 따라 변경

될 수 있습니다.

한국토지주택공사(청약센터)   https://apply.lh.or.kr

집주인 임대주택 입주자 선착순 수시모집 공고

(입주자모집공고일 2022.09.19)

집주인 임대주택이란?

주택도시기금 지원, 세금감면 등 공공지원을 바탕으로 민간이 소유한 주택을 LH에 위탁임대하고, LH는 청년, 고령자, 신혼부부 등에게 시세보다 저렴하게 공급.운영하는 임대주택입니다.

1. 임대주택 위치 : *안성시 대덕면 대학11길 29*

※ **집주인 임대주택의 청약접수는 인터넷(https://apply.lh.or.kr)으로만 받습니다.**
- **인터넷** 청약신청 후 서류제출은 본인이 신청접수한 날로 부터 7일이내의 **우체국 소인이 찍힌 등기우편에 한하여 인정** (기한 초과 시 신청포기 처리 됨)하며, **청약신청이 최종 완료**됩니다. *(제출서류는 공고문 p.4 참고)*

※ ***모집공고(2022.09.19)*에 의거 선착순 입주자 모집 중이며 해당 모집 호수에 도달할 때까지 수시 모집 중이므로 조기 마감될 수 있습니다.**

※ **계약안내는 주택소유여부 등 자격검증 후 별도 안내합니다.**

※ **예비자의 경우 입주자의 해약 발생 시 예비순번에 따라 계약을 안내하므로 계약체결(개별통보)까지는 상당기간이 소요될 수 있습니다.**

※ **예비입주자로 선정되신 분들께는 개별적으로 계약 안내를 드릴 예정이며, 안내 받은 계약 일정에 불참 시 계약 포기로 간주하여 차순위 예비입주자의 계약이 진행됩니다.**

※ **예비입주자의 지위는 발표일로부터 60일간 유지되며, 60일이 경과한 직후 자격이 소멸됩니다.**

2. 모집세대

유 형	계	예비입주자
1형	15	45

3. 임대주택 및 임대조건

<table>
<tr><th rowspan="2">유형</th><th colspan="3">대상주택</th><th colspan="3">세대당 계약면적(㎡)</th><th colspan="2">기본 임대조건</th></tr>
<tr><th>소재지</th><th>호수</th><th>방</th><th>전용</th><th>공용</th><th>합계</th><th>임대보증금
(원)</th><th>월임대료
(원)</th></tr>
<tr><td rowspan="15">1형</td><td rowspan="15">안성시</td><td>202</td><td rowspan="15">1</td><td rowspan="15">19.44</td><td rowspan="15">8.31</td><td rowspan="15">27.75</td><td rowspan="15">765,000</td><td rowspan="15">255,000</td></tr>
<tr><td>203</td></tr>
<tr><td>204</td></tr>
<tr><td>205</td></tr>
<tr><td>206</td></tr>
<tr><td>207</td></tr>
<tr><td>301</td></tr>
<tr><td>302</td></tr>
<tr><td>303</td></tr>
<tr><td>306</td></tr>
<tr><td>307</td></tr>
<tr><td>401</td></tr>
<tr><td>402</td></tr>
<tr><td>403</td></tr>
<tr><td>404</td></tr>
</table>

사회주택

사회주택은 시민이 부담 가능한 임대료로 오랫동안 안심하고 살 수 있는 주택으로 사회적 경제주체가 공급하고 운영하는 임대주택입니다. 운영주체는 입주자들이 주도적으로 공동체성을 회복할 수 있도록 커뮤니티 공간을 활용한 프로그램을 운영·지원합니다.

빈집살리기 프로젝트는 사업자가 6개월 이상 방치된 빈집을 발굴·확보하여 신청하면, 시에서 리모델링 비용의 최대 50%를 보조하여 시세 80%로 임대하는 사회주택입니다.

토지임대부 사회주택은 공공에서 토지를 민간에 장기간(30년 이상) 저렴하게 빌려주면 민간사업시행자가 건물을 지어 시민에게 저렴하게(시세의 80%) 장기간 임대하는 주택입니다.

리모델링형 사회주택은 노후된 주택 혹은 비주택을 리모델링하여 재임대함으로써 주거환경을 개선하고 청년에게 안정된 주거를 제공하는 사회주택입니다.

사회주택리츠는 사회적 경제주체인 사업자가 서울사회주택리츠에 최소금액 이상 출자 후 리츠에서 매입한 시설을 리모델링하고 위탁관리와 입주자모집 등을 수행합니다.

토지지원리츠는 사회적 경제주체인 사업자가 서울사회주택리츠에 최소금액 이상 출자 후 리츠에서 임차한 소규모 공공부지에 사회주택 설계·

시공 후 위탁관리를 합니다.

예컨대, '콘체르토장위'는 원룸, 투룸, 복층 셰어하우스가 있고, 전용면적 약 25~83m²의 임대보증금은 69~113백만 원, 월 임대료는 13~21만 원입니다. 부대시설로 벽걸이 에어컨, 붙박이장, 옥상정원, 커뮤니티룸, 무인택배함 등이 있습니다.

무주택자로서 월평균 소득이 1인 가구는 도시근로자 3인 가구월평균 소득의 70% 이하, 2인 가구는 100% 이하, 신혼부부(맞벌이)는 120% 이하일 때 신청할 수 있습니다. 임대기간은 2년이고 기준에 맞으면 4회까지 재계약할 수 있습니다.

한국사회주택협회 http://socialhousing.kr

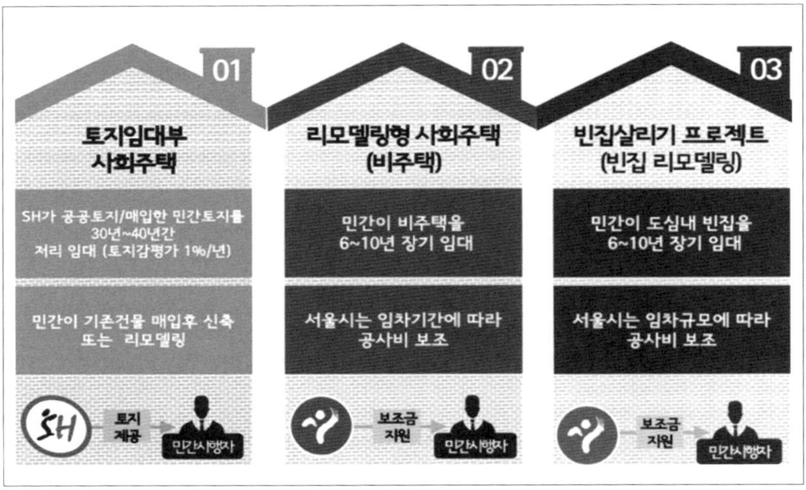

사회적 주택

사회적 주택은 주거비 경감과 안정적 주거지원을 위해 사회적 경제주체가 서울주택도시공사의 매입임대를 활용하여 운영하는 임대주택입니다. 운영주체는 입주자들이 주도적으로 공동체성을 회복할 수 있도록 다양한 커뮤니티 공간을 활용한 프로그램을 운영·지원합니다.

입주자격은 월평균 소득이 도시근로자 월평균소득의 100% 이하입니다. 청년계층은 본인, 대학생 계층은 본인과 부모의 소득만을 기준으로 하므로 최대 3인 가구의 소득기준을 적용받습니다.

한 '사회적 주택'의 공고문에 따르면, 모집공고일 현재 무주택자인 대학생과 청년이 신청할 수 있습니다. 대학생 계층은 대학에 재학중이거나 다음 학기에 입학·복학 예정인 대학생, 대학 또는 고등학교를 졸업(또는 중퇴)한 지 2년 이내인 취업준비생입니다. 신청자와 부모의 월평균 소득 합계가 도시근로자 월평균소득의 100% 이하이고, 본인과 부모의 총자산이 국민임대주택 자산기준 361백만원 이하(자동차는 3,683만원 이하)이어야 합니다.

청년계층은 만 19세 이상 만 39세 이하인 자이고, 소득이 있는 업무에 종사한 기간이 총 5년 이내인 사회초년생입니다. 신청자의 소득이 근로자 월평균소득의 100% 이하이고, 해당 세대 299백만 원(자동차는 3,683만 원 이하)이하이어야 합니다.

입주자 선정은 입주자 자격요건을 갖춘 사람 중에서 사회적 주택의 운영기관이 만든 별도 선정기준에 따릅니다. 운영기관은 입주자 모집 공고문에 선정기준을 공지해야 합니다. 임대기간은 2년이고 입주기준에 맞으면 2년 단위로 6년까지 살 수 있습니다.

서울주택도시공사 https://www.i-sh.co.kr

큰바위협동조합 사회적 주택 입주자 모집 공고

(입주자 모집공고 기준일 : 2021. 9. 30.)

사회적 주택은 청년 주거비 경감 및 안정적 주거지원을 위해 사회적 경제주체(운영기관)가 서울주택도시공사 매입임대주택을 활용하여 다양한 주거 서비스 프로그램 등의 임대운영 및 관리를 직접 수행하는 임대주택입니다.

입주자모집공고일(2021.9.30.) 현재 무주택자(본인)인 미혼의 청년으로서 소득, 자산, 자동차가액 기준을 충족해야 합니다.

※ 신청자격별 세부 자격요건은 공고문 본문을 확인하시기 바랍니다.

※ 청년 = '만19세 이상 만39세 이하'인 사람

1. 모집 일정 : 협동조합 큰바위얼굴 - 역촌동 큰바위청년둥지

모집공고	→	서류접수	→	자격심사	→	대상자발표	→	주택개방	→	계약체결
2021.10.01.	→	10.01.(금) ~ 10.15.(금)	→	SH공사 및 금융정보원에서 진행 (6~8주 소요)	→	11월 중	→	11월 중 (검증통과자 중 계약희망자 대상으로 진행)	→	11월 중

※ 접수 회차는 자격심사 소요기간을 고려한 구분임.

※ 상기 일정은 자격심사 소요기간에 변경될 수 있으며, 입주 시기 등은 추후 개별 안내드립니다.

2. 공급주택

역촌동 큰바위청년둥지 _ 서울특별시 은평구 역촌동 39-35.

공공분양

공공분양은 분양을 목적으로 공급하는 국민주택 규모(주거전용면적 85m² 이하)이하의 공공주택입니다.

신청자격자는 세대주, 세대주와 동일한 주민등록표등본에 등재되어 있는 무주택세대원 중 1인만 가능합니다. 단, 노부모 부양, 생애최초 특별공급과 일반공급 1순위의 경우 세대주만 신청할 수 있습니다. 등본에 등재된 모든 사람이 무주택자이어야 합니다.

소득기준은 일반공급, 생애최초, 신혼부부(배우자 소득이 없는 경우)는 가구 월평균소득이 도시근로자 월평균소득의 100% 이하이고, 노부모부양, 다자녀, 신혼부부(맞벌이)는 월평균소득의 120% 이하이어야 합니다. 자산기준은 총자산이 215.5백만 원 이하(자동차 3,683만 원 이하)이어야 합니다.

다자녀가구 특별공급은 미성년자녀수, 영유아자녀수, 세대구성, 무주택기간, 해당 시·도 거주기간, 저축기간 등을 고려하여 배점하고 총점이 많은 사람에게 우선적으로 분양됩니다. 신혼부부 특별공급은 혼인기간 중 자녀를 출산(입양 포함)하여 미성년 자녀가 있는 신혼부부, 6세 이하 자녀를 둔 한부모가족이 1순위이고, 예비신혼부부, 1순위에 해당되지 않는 신혼부부가 2순위입니다. 동일한 순위에서 경쟁이 있으면 가구소득, 자녀의 수, 해당 주택건설지역의 연속 거주기간, 주택청약저축 납입횟수, 혼인기간(신혼부부에 한함), 자녀의 나이(한부모가족에 한함) 등을 기준으로 배점하고 총점이 높은 사람에게 우선 분양됩니다. 노부모 특별공급, 생애최초 특별공급, 기타 특별공급, 철거민 특별공급의 경우에도 해당 기준이 있으니 관련 서류를 준비하기 바랍니다.

일반공급은 입주자모집 공고일 현재 해당 주택지구에 거주하고 있는 무주택세대구성원(입주시까지 무주택)으로 청약저축(주택청약종합저축 포함)에 가입되어 있고, 아래 당첨자 선정방법의 순위별 자격요건을 갖춘 사람입니다.

1순위는 청약저축에 가입하여 2년이 경과되고 매월 약정 납입일에 월납입금을 24회 이상 납입한 세대주, 무주택세대구성원으로서 과거 5년 이내 무주택세대구성원 전원이 다른 주택의 당첨자가 되지 아니하였을 경우입니다. 2순위는 1순위에 해당되지 아니하는 사람으로 청약저축에 가입한 경우입니다. 같은 순위에서 경쟁자가 많으면 3년 이상 무주택구성원으로서 저축총액(청약저축은 매달 10만 원까지 인정)이 많은 사람이 우선입니다.

공급절차는 입주자 모집공고- 견본주택 운영- 특별공급 청약접수- 일반공급 청약접수- 당첨자 및 동·호수배정 발표- 당첨자 자격확인서류 제출- 주택소유현황 조회결과 게시- 주택계약- 중도금 납부- 입주 사전점검- 입주개시의 순으로 이루어집니다.

한국토지주택공사(청약센터) https://apply.lh.or.kr
서울주택도시공사 https://www.i-sh.co.kr
경기주택도시공사 https://www.gh.or.kr

신혼희망타운

신혼희망타운은 육아와 보육에 특화하여 건설하고, 전량을 신혼부부에게 공급하는 신혼부부 특화형 공공주택입니다. 국토교통부는 교육·건강·안전에 최적화된 주거서비스 공간 조성을 통한 최상의 보육환경을 조성하고, 2022년까지 15만호를 공급할 예정입니다.

부대복리시설로 종합보육센터, 어린이집, 공동육아방, 작은도서관, 방과후교실 등 편의시설이 있고, IoT를 적용한 스마트홈 시스템(옥상 태양광설비, 전기차 충전설비, 360 CCTV, 실외놀이터 비상벨, 원패스 시스템, 스마트 우편함 등)을 설치합니다.

2019년에 분양된 서울 수서지역 신혼희망타운 전용면적 46m²의 분양가는 4억5천만 원이고, 55m²의 분양가는 5억6천만 원입니다.

신청 자격은 공고일 현재 서울시 1년 이상 거주하고 혼인기간이 7년 이내인 신혼부부로서 무주택세대구성원이고, 청약저축에 가입하여 6개월이 경과되고 매월 약정납입일에 월납입금을 6회 이상 납입한 사람입니다. 소득기준은 배우자의 소득이 없으면 월평균소득이 도시근로자 월평균소득의 120% 이하이고, 배우자의 소득이 있으면 월평균소득의 130% 이하이어야 하고, 총자산은 307백만 원(2023년 379백만 원) 이하이어야 합니다. 예비신혼부부(공고일 1년 이내에 혼인사실을 증명할 수 있는 사람), 한부모가족(6세 이하의 자녀 양육)도 신청할 수 있습니다.

신혼희망타운의 소득기준은 3인 이하, 4인, 5인, 6인, 7인 등으로 구분되기에 자녀(태아 포함)가 없는 신혼부부와 예비신혼부부도 3인 가구 소득기준에 부합되면 신청할 수 있습니다.

입주자 선정방법은 1단계 우선공급을 하고, 잔여물량을 2단계로 공급합니다. 1단계 우선공급은 공고일 현재 예비신혼부부, 혼인기간 2년 이내인 신혼부부, 2세 이하(만3세 미만) 자녀를 둔 한부모가족에게 일정량을 공급합니다. 경쟁이 있을 때에는 가구소득, 해당 시·도 연속 거주기간, 청약저축 납입횟수 등을 평가하여 합계 점수가 높은 사람에게 우선 배정합니다. 2단계 잔여공급은 혼인기간이 2년 초과 7년 이내인 신혼부부, 3세 이상 6세 이하 자녀를 둔 한부모가족, 1단계 낙첨자 전원을 대상으로 공급합니다. 잔여물량도 미성년자녀수, 무주택기간, 해당 시·도 연속 거주기간, 청약저축 납입횟수 등을 평가하여 합계 점수가 높은 사람에게 우선 배정합니다.

신혼희망타운의 공급절차는 모집공고- 신청- 동·호추첨과 당첨자 발표- 서류제출과 부적격 소명- 계약과 입주의 순으로 이루어집니다. 당첨자가 되고도 재당첨제한 적용주택(분양가 상한제 적용주택, 분양전환 되는 임대주택, 토지임대부 분양주택, 투기과열지구 및 청약과열지역에서 공급되는 주택 등)에 이미 당첨된 사람은 부적격자로 판정됩니다. 한국부동산원 청약홈을 방문하여 청약자격 확인- 청약제한사항 확인- 공인인증서 인증- 조회기준일 입력- 조회 등을 통해 신청자격이 되는지를 확인하기 바랍니다.

한국부동산원 청약홈 https://www.applyhome.co.kr

주택금융

주택금융은 여러 금융기관이 취급하는 다양한 주택금융상품을 포괄하는 낱말인데, 주택월세자금 대출, 주택전세자금 대출, 주택구입자금 대출, 주택보증, 주택연금 등으로 구분할 수 있습니다.

주택월세자금 대출에는 주거안정 월세대출, 청년전용 보증부 월세대출 등이 있습니다.

주택전세자금 대출에는 청년 임차보증금 이자지원, 버팀목 전세자금 대출(일반·청년전용·신혼부부전용), 중소기업취업청년 전월세보증금대출, 노후고시원 거주자 주거이전 대출, 저소득층 주택임대보증금 융자지원, 저소득 중증장애인 전세보증금 지원, 한부모가족 주거자금 소액대출, 이사시기불일치대출, 신혼부부임차보증금 대출 등이 있습니다.

주택구입자금 대출에는 보금자리론, 더 나은 보금자리론, 내집마련 디딤돌 대출, 신혼부부전용 주택구입자금대출, 신혼희망타운전용 주택담보장기대출 등이 있습니다.

주택보증에는 전세자금 보증(일반·특례), 전세금 안심대출보증, 전세보증금 반환보증, 월세자금 보증(일반·청년) 등이 있습니다.

이 책은 주요 주택금융 상품을 소개하는데, 세부 내용은 해당 금융기관에서 확인하기 바랍니다.

주거안정 월세대출

주거안정 월세대출은 주택임대차계약을 체결하고 임차보증금의 5% 이상을 지불한 무주택 세대주(세대원 전원이 무주택)가 부부합산 순자산이 361백만 원 이하이고 신용도 요건을 갖출 때 월세대출을 신청하는 제도입니다.

요건을 갖춘 취업준비생, 희망키움통장 가입자, 사회초년생, 근로장려금 수급자, 자녀장려금 수급자, 주거급여 수급자 등은 우대형을 신청할 수 있고, 부부합산 연소득이 5천만 원 이하인 자 중 우대형에 해당되지 아니한 사람은 일반형을 신청할 수 있습니다. 대출금리는 우대형은 연 1.0%이고, 일반형은 연 1.5%인데, 자산심사 부적격자는 가산금리가 부과될 수 있습니다.

대상주택은 임차 전용면적 85m²(수도권을 제외한 도시지역이 아닌 읍·면지역은 100m²) 이하 주택(주거용 오피스텔 포함)이고, 임차보증금 1억 원 이하와 월세 60만 원 이하입니다. 호당 대출한도는 월 40만 원까지이고, 2년간 960만 원까지입니다.

임대차계약서 만기일 이내에서 대출신청할 수 있고, 2년 단위로 총 4회까지 연장하여 10년까지 이용할 수 있으며, 중도 상환 수수료는 없습니다. 월세금 대출은 대출 실행 후 2년 범위 내에서 매월 약정일에 임대인 통장으로 지급함을 원칙으로 합니다.

기금e든든 홈페이지나 우리·신한·국민·농협·기업은행의 지점에서 신청할 수 있습니다. 대출 취득 후 주택취득이 확인된 경우에는 본 대출금을 상환하여야 하고, 생애 1회만 가능합니다.

한편, **청년전용 보증부 월세대출**은 무주택 청년이 임차 전용면적 70m² 이하 주택을 임차보증금 5천만 원 이하와 월세금 70만 원 이하일 때 월세대출을 기금e든든 홈페이지에 신청하면 보증금은 연 1.3%와 월세금은 연 1.0%로 대출받는 제도입니다.

주택도시기금 기금e든든 **https://enhuf.molit.go.kr**

버팀목 전세자금 대출

버팀목 전세자금 대출은 주택임대차계약을 체결하고 임차보증금의 5% 이상을 지불한 무주택 세대주(세대원 전원이 무주택)가 부부합산 총소득이 5천만 원(단, 신혼가구, 혁신도시 이전 공공기관 종사자, 타 지역으로 이주하는 재개발구역내 세입자, 다자녀가구, 2자녀가구인 경우 6천만 원) 이하이고 순자산이 361백만 원 이하이며 신용도 요건을 갖출 때 전세대출을 하는 제도입니다.

대출금리는 부부합산 연소득과 임차보증금별로 차이가 있습니다. 연소득이 2천만 원 이하인 사람이 임차보증금 5천만 원 이하이면 연 1.8%, 5천만 원 초과 1억 원 이하인 사람은 1.9%, 1억 원 초과는 2.0%이고, 연소득이 2천만 원 초과 4천만 원 이하는 각각 2.0%, 2.1%, 2.2%이며, 연소득이 4천만 원 초과 6천만 원 이하는 각각 2.2%, 2.3%, 2.4%입니다. 기초생활보장 수급자·차상위계층, 한부모가구, 장애인·노인부양·다문화·고령자가구 등은 우대금리가 적용됩니다.

호당 대출한도는 일반가구는 수도권(서울, 경기, 인천)은 1.2억 원이고 수도권 외 지역은 8천만 원이며, 2자녀 이상 가구는 수도권 2.2억 원이고 수도권 외 지역은 1.8억 원입니다. 소요자금에 대한 대출비율은 신규계약은 일반가구는 전세금액의 70% 이내이고, 신혼가구, 2자녀 이상 가구는 전세금액의 80% 이내입니다.

대상주택은 임차전용면적 85m²(수도권을 제외한 도시지역이 아닌 읍·면지역은 100m²) 이하 주택(주거용 오피스텔 포함)이고, 임차보증금은 일반가구·신혼부부는 수도권 3억 원, 수도권외 2억 원 이하이고, 2자녀 이상 가구는 수도권 4억 원, 수도권외 3억 원 이하입니다.

신청시기는 임대차계약서상 잔금지급일과 주민등록등본상 전입일 중 빠른 날로부터 3개월 이내까지 신청할 수 있고, 갱신계약의 경우에는 계약갱신일로부터 3개월 이내에 신청해야 합니다. 대출금은 임대인 계좌에 입금을 원칙으로 합니다. 대출기간은 2년이고 4회까지 연장하여 최장 10년까지 가능합니다.

한편, **청년전용 버팀목 전세자금 대출**은 주택임대차계약을 체결하고 임차보증금의 5% 이상을 지불한 무주택 청년(만 19세~만 34세)세대주(세대원 전원이 무주택)가 부부합산 총소득이 6천만 원 이하이고 순자산이 361백만 원 이하이며 신용도 요건을 갖출 때 임차보증금 7천만 원 이하의 집에 연 1.5%~2.1%(부부합산 소득에 따라 차등)로 대출하는 제도입니다.

주택도시기금 기금e든든 **https://enhuf.molit.go.kr**

보금자리론

보금자리론은 성인인 대한민국 국민(재외국민, 외국국적 동포 포함)이 부부기준 무주택자 혹은 1주택자(구입용도에 한하여 일시적으로 2주택자 허용)일 때 연소득 7천만 원 이하이고 신용도 요건을 갖추면 6억 원 이내의 주택을 담보로 3억 6천만 원(미성년 자녀가 3명 이상이면 4억 원)까지 고정금리로 대출받는 제도입니다.

주택담보대출비율(LTV)은 70%까지인데, 단독, 다세대, 연립주택은 5% 차감됩니다. 실제 대출금액은 주택담보대출비율과 금융부채 상환능력을 소득으로 따져서 대출한도를 정하는 계산비율인 총부채상환비율(DTI)을 고려합니다.

신청자가 한국주택금융공사 홈페이지를 통해 신청하는 u-보금자리론의 고정금리는 10년 만기 때 연 3.65%, 15년은 3.75%, 20년은 3.85%, 30년은 3.90%, 40년은 3.95%입니다. 대출거래약정과 근저당권설정등기를 전자적으로 처리하는 아낌e 보금자리론의 금리는 u-보금자리론의 금리보다 0.1% 포인트 낮고, 은행을 방문해서 신청하는 t-보금자리론은 u-보금자리론의 금리와 같습니다. 가족사랑우대금리가 있고, 신혼가구·다자녀가구·한부모가구·장애인가구·다문화가구는 2개까지 우대금리를 적용받고, 담보물 소재지가 투기지역인 경우에는 0.1%포인트 가산금리가 적용됩니다.

상환방식은 원리금균등 분할상환, 원금균등 분할상환, 체증식 분할상환 중 한 가지이고, 조기에 상환하면 수수료가 있습니다.

한국주택금융공사와 하나·신한·우리·국민은행 등 다수 시중은행과 저축은행에서 보금자리론을 신청할 수 있습니다.

한편, **더나은 보금자리론**은 기존 제2금융권의 변동금리 또는 만기 일시상환 방식의 주택담보대출을 고정금리 분할상환으로 바꾸는 상품입니다. 대출의 잔액과 중도상환수수료 범위 내에서 최대 2억 원(미성년 자녀가 3명 이상이면 3억 원)까지 신청할 수 있습니다.

한국주택금융공사 https://www.hf.go.kr

내집마련 디딤돌 대출

내집마련 디딤돌 대출은 주택을 취득하기 위해 주택매매계약을 체결한(상속, 증여, 재산분할은 불가) 부부합산 총소득이 연간 6천만 원(생애최초 주택구입자, 2자녀 이상 가구 또는 신혼가구는 연간 7천만 원) 이하인 무주택 세대주(세대원 전원이 무주택)가 주거 전용면적 85m² 이하인 5억 원 이하의 주택을 담보로 최고 2억 원(신혼가구는 2.2억 원, 2자녀 이상 가구는 2.4억 원)까지 대출받는 상품입니다. 30세 이상 미혼 단독세대주는 전용면적 60m² 이하인 3억 원 이하 주택에 대출한도는 1.5억 원입니다.

대출금리는 신청자 가구의 연소득과 만기별로 연동되어 있습니다. 가구의 연소득이 2천만 원 초과 4천만 원 이하이면 10년은 연 2.50%, 15년은 2.60%, 20년은 2.70%, 30년은 2.75%이고, 연소득이 2천만 원 이하는 금리가 조금 낮고, 연소득이 4천만 원 초과하면 금리가 조금 높아집니다. 한부모가족, 다문화가구, 장애인가구, 신혼가구, 생애최초주택구입자 등은 우대금리가 적용됩니다.

상환방식은 비거치 또는 1년 거치 원리금균등 분할상환, 원금균등 분할상환, 체증식 분할상환입니다. 3년 이내에 중도 상환된 원금에 대하여 수수료가 적용됩니다.

한국주택금융공사 **https://www.hf.go.kr**

전세자금 보증

전세자금 보증은 은행에서 전세자금 대출을 받고자 할 때 담보로 공사보증서가 필요한 경우 이용하는 상품입니다. 위탁보증으로 취급은행에서 대출과 보증 등 모든 업무를 처리합니다.

대한민국 국민(외국 영주권자 제외)으로 임차보증금 7억 원(지방은 5억 원) 이하인 임대차계약을 체결하고 보증금의 5% 이상을 지급한 세대주가 부부합산 보유주택수가 1주택 이하(연소득이 1억 원 이하이고 주택가격이 9억 원 이하)일 때 신청할 수 있습니다.

보증신청시기는 신규 임대차계약은 임대차계약서상 잔금지급일과 주민등록전입일 중 빠른 날로부터 3개월 되는 날, 갱신 임대차계약은 계약갱신일로부터 3개월 되는 날 이내입니다.

보증대상 목적물은 전(월)세 대상 건물이 공부상 주택이거나 주거용 오피스텔, 노인복지주택으로 실제 주거용으로 이용한 경우입니다. 보증한도액은 2억 원인데, 동일인이 전세자금보증을 받은 경우에는 그 잔액까지 받고, 실제 금액은 임차보증금의 80% 이내이고 상환능력에 따라 달라집니다.

보증요율은 연 0.05%~0.20%인데, 임차보증금이 낮으면 요율도 낮습니다. 다자녀, 신혼부부, 저소득자, 다문화가구, 장애인가구, 국가유공자가구, 의사상자가구, 한부모·조손가구, 고령자는 우대 요율을 받을 수 있습니다. 보금자리론과 전세자금 보증을 동시에 이용하면 이용기간에 따라 보증요율이 가산됩니다.

전(월)세계약서상의 임차인과 보증신청인은 일치해야 합니다. 재원이 은행이면 국민·신한·우리·하나은행 등 다수 은행에서 신청하고, 주택도시기금이면 국민·기업·농협·신한·우리은행에 신청하면 됩니다.

한편, **전세자금 보증특례**는 청년전용, 사회적 배려 대상자, 신용회복지원자, 징검다리 전세, 정책서민금융이용자, 목돈만드는전세, 영세자영자 등을 위한 전세자금 보증에 대한 특례입니다.

주택도시보증공사 http://www.khug.or.kr
한국주택금융공사 https://www.hf.go.kr

주택연금

주택연금은 55세 이상 대한민국 국민(주택소유자 또는 배우자)이 소유주택을 담보로 맡기고 평생 또는 일정한 기간 동안 매월 연금방식으로 노후생활 자금을 지급받는 국가보증의 금융상품(역모기지)입니다.

가입요건은 주택소유자 또는 배우자가 만 55세 이상(근저당권 설정일 기준)인 사람이 부부기준 주택 가격이 9억 원 이하(다주택자라도 합산 가격이 9억 원 이하면 가능, 9억 원 초과 2주택자는 3년 이내에 1주택 처분 조건)이며, 해당 주택에 실제 거주하고, 의사능력과 행위능력(치매환자는 '성년후견인'을 지정해야 함)이 있어야 합니다.

주택연금은 평생 동안 가입자와 배우자가 해당 집에서 거주하고, 부부 중 한 사람이 사망한 후에도 감액 없이 주택연금을 받는 장점이 있습니다. 부부 모두 사망 시 연금수령액이 집값보다 적으면 상속인에게 정산되고, 혹 많아도 상속인에게 청구되지 않습니다.

지급방식은 월지급금을 종신토록 지급하는 종신방식, 확정기간방식, 대출상환방식, 우대방식 등이 있습니다. 주택연금은 주택소유자와 배우자가 사망 시까지 받을 수 있지만, 이용 도중에 이혼하면 배우자는 연금을 받을 수 없고, 재혼한 배우자도 연금을 받을 수 없습니다.

가입절차는 한국주택금융공사에 상담 후 신청서 등 필요한 서류를 제출하고, 공사가 가입자 요건을 심사하고 담보주택 가격평가 등을 하여, 약정서를 작성하고 근저당권을 설정하며, 보증서를 발급하면, 은행이 대출을 실행합니다.

한국주택금융공사 https://www.hf.go.kr

주거급여(자가 가구 - 수선유지급여)

주거급여는 가구 소득인정액이 기준 중위소득의 47% 이하의 국민이 복지로나 행정복지센터에 신청하면 받을 수 있습니다. 전(월)세에 사는 사람은 월세를 지원받고, 자가를 가진 사람은 수선유지급여를 받을 수 있습니다.

수선유지급여는 주택노후도 등 주택 상태를 종합 점검하여 보수 범위를 경·중·대보수로 차등 적용하여 최저주거기준 보장을 강화할 뿐만 아니라 양질의 주택재고 확보에도 기여하는 것입니다.

자가 수급자에 대한 수선유지급여는 기존 부처에서 각기 시행하던 유사 주택개량 사업이 국토교통부로 통합 일원화(주거급여 수급자에 한함)함으로써 수급자에 대한 보다 효과적인 주택개량과 실질적 주거보장을 강화시켰습니다.

수선유지비는 주택 등을 소유하고 그 주택 등에 거주하는 사람에게 지급합니다. 지급기준은 수급자의 가구 규모, 소득인정액, 수선유지비 소요액, 주택의 노후도 등을 고려하여 정합니다.

주택노후도는 주택의 경과 년수가 오래되고 낡아서 주택이 제 성능을 발휘하지 못하는 정도를 말하며, 일반적으로 구조 안전, 설비 상태, 마감 상태 등의 성능을 기준으로 그 정도를 판단합니다.

경·중·대보수 범위별 수선비용의 기준금액은 수급자의 소득인정액에 따라 80%, 90%, 100%로 차등 지원합니다. 소득인정액이 기준 중위소득의 30% 이하인 사람은 전액 지원받고, 소득인정액이 중위소득의 30%를 초과한 사람은 수선비의 일부(10%~20%)를 자부담해야 합니다.

서울주거포털 https://housing.seoul.go.kr
마이홈 https://www.myhome.go.kr

○ 개편제도 요약

구분	개편전 주거급여	개편후 주거급여('23년 기준)
근거법	국민기초생활보장법	주거급여법 + 국민기초생활보장법
소관부처	보건복지부	국토교통부
지급대상	소득인정액이 현금급여기준선 (중위소득 33%) 이하	소득인정액이 중위소득 47% 이하
지원기준	(현금급여기준액-소득인정액)의 약 22%	수급권자의 소득인정액, 가구원수, 주거유형, 주거비 부담수준 등을 고려하여 지급
임차	주거급여액 전액 현금 지급	좌 동
자가	주거급여액 중 일부만 현금, 일부는 공제하여 주택개량 지원	주택개량 강화
전달 체계	보장기관	보장기관

○ 급여신청

- **신청주체 : 수급권자 ? 가구의 가구원 및 그 친척, 기타 관계인이 신청 가능합니다.**
  - 수급권자의 친족 및 그 밖의 관계인은 위임장 지참
- **신청방법 : 현재 생계급여 또는 의료급여 수급자는 별도로 주거급여를 신청할 필요가 없으며, 신규로 주거급여를 받으실 분만 신청하여 주시기 바랍니다.**
  - 신청장소 : **주민등록 주소지 읍면동 행정복지센터 방문접수 또는 복지로(www.bokjiro.go.kr) 인터넷 접수**

저소득층 에너지효율개선사업

저소득층 에너지효율개선사업은 저소득층 노후주택의 보일러, 창호, 단열, 바닥 공사를 지원하여 에너지 효율을 개선하고 난방에너지 공급기반을 마련하는 것입니다.

지원대상은 기초생활수급자(자가 제외), 차상위계층과 복지사각지대의 일반 저소득가구로 기초자치단체장 또는 행정복지센터장의 추천을 받은 가구입니다. 에너지이용에 어려움을 겪거나 주택 노후화 등으로 에너지 효율개선이 필요한 가구가 지역사회보장협의체 등의 추천을 받아 한국에너지재단으로 신청하면 심사를 통해 지원이 이루어집니다.

이 사업은 주로 단열공사, 창호공사, 바닥공사, 곰팡이 제거 등으로 이루어지고, 노후된 보일러를 에너지 효율이 높은 보일러로 교체하는 것과 같이 물품지원이 이루어지기도 합니다. 지원을 받고자 하는 사람은 거주지 행정복지센터에 접수하기 바랍니다.

한편, 희망의 집수리는 저소득층의 열악한 주거환경을 개선하여 주택 에너지효율 개선과 삶의 질 향상을 위한 서울시 사업입니다. 가구 소득인정액이 기준 중위소득의 60% 이하인 자가와 임차 가구가 신청하면 지원받을 수 있습니다.

서울주거포털 **https://housing.seoul.go.kr**

저소득층 장애인 주거편의시설 사업

저소득층 장애인 주거편의시설 사업은 장애인의 가정 내 일상생활과 활동에 불편을 해소하기 위해 맞춤형 주거편의시설(집수리)을 지원하는 사업입니다.

맞춤형 집수리 지원은 화장실 개조, 문턱 제거, 경사로, 핸드레일, 기타 편의시설 등의 설치입니다. 1가구당 400만 원에서 600만 원까지 지원합니다. 중증 장애인이 우선 지원을 받을 수 있고, 기초생활보장 수급자와 가구 소득인정액이 기준 중위소득의 50% 이하의 가구는 무상이지만, 50%를 초과하고 60% 이하의 가구는 개조비의 30%를 자부담해야 합니다.

거주지 행정복지센터에 신청하면, 현장조사와 집주인의 동의, 자부담 동의 등을 거쳐서 지원합니다.

서울주거포털 https://housing.seoul.go.kr

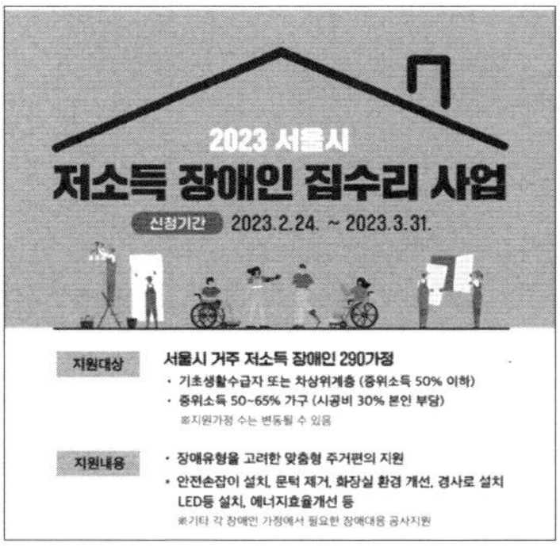

건물에너지효율화 융자지원

건물에너지효율화 융자지원은 에너지이용 합리화와 온실가스 감축을 위한 에너지절약설비 설치 시 시민 경제부담 완화를 위해 장기 저리로 융자지원하는 것입니다.

건물의 비효율적 요인을 개선시켜 에너지이용 효율을 향상시키는 사업에 참여하고자 하는 사람이 서울시에 융자 신청하여 선정되면, 주택은 2백만 원에서 60백만 원까지(건물은 1천만 원에서 20억 원까지) 융자를 받아서 연리 0.0%(무이자, 고정금리)로 8년 이내 균등분할상환으로 지원받을 수 있습니다.

서울주거포털 https://housing.seoul.go.kr

서울가꿈주택 사업

서울가꿈주택 사업은 저층주거지 노후주택에 대한 집수리비용 지원을 통해 주택성능을 개선하고, 주민 스스로 주택을 수리하고 가꾸는 문화를 확산시켜 양질의 주거환경 조성과 도시미관 증진에 기여하는 사업입니다.

지원대상은 '주택성능개선지원구역'으로 지정된 곳(재개발, 재건축 등 개발[예정]지역 제외)에 있는 20년 이상 경과된 단독, 다가구, 다세대, 연립주택입니다.

보조금 지원내용은 단독주택은 성능개선 집수리이고 공사비용의 1/2 범위 내에서 1,200만 원까지이고, 다가구주택은 지붕, 방수, 외부창호, 단열, 외벽, 설비 등으로 취약계층은 1천만 원 이하의 공사는 공사비용의 9/10 범위 내이고, 담장 철거, 담장철거 후 재조성, 쉼터 조성은 전액 지원입니다. 다세대 주택에 대한 지원은 다가구주택과 유사하지만, 보조비율이 공사비용의 1/2 범위 내입니다. 보조금은 집수리 목적 외에는 사용이 금지됩니다.

서울주거포털 https://housing.seoul.go.kr

주택개량과 신축 공사비 융자지원

서울가꿈주택 집수리 융자사업은 노후 불량 저층주거지 주거환경개선 촉진과 주민 스스로의 주택개량 활성화 도모를 위한 융자지원제도입니다.

지원대상은 노후 불량주택을 개량하거나 신축하고자 하는 토지 등의 소유자입니다. 대상주택은 단독, 다가구, 다세대, 연립주택으로 사업승인일로부터 20년이 경과한 노후 불량주택입니다.

주택성능개선지원구역에 있는 주택의 소유자는 저리융자(연리 0.7%)를 받을 수 있습니다. 융자한도는 집수리의 경우 단독주택은 6천만 원까지, 다가구와 다세대 연립은 3천만 원까지 받고, 신축의 경우 단독주택은 1억 원까지, 다가구는 5천만 원까지 받을 수 있습니다. 3년 거치 10년 균등분할상환입니다.

그 외 지역에서 준공 후 10년 이상된 저층주택을 집수리하거나 신축할 때에도 융자지원을 받을 수 있습니다. 융자한도는 개인 신용도, 유효 담보가 등에 따라 변동 또는 제한될 수 있습니다.

서울주거포털 https://housing.seoul.go.kr

희망드림하우스

희망드림하우스는 화재피해를 당한 저소득 가정에 주택복구(집수리) 등을 지원함으로써 대상자가 빠른 생활안정을 찾고 삶의 질을 높일 수 있도록 하는 사업입니다.

지원대상은 독거노인, 소년소녀가정, 저소득가정 등 기초생활보장 수급자와 차상위계층(소득인정액이 기준 중위소득의 60% 이하) 중 화재피해를 당한 가정입니다.

저소득가정화재피해복구지원기금(에쓰오일 후원)은 1가정 당 최고 1000만 원까지 지원합니다. 주택복구 공사를 우선 지원하지만, 필요시 생활필수품을 구입할 수도 있습니다. 119서울사랑기금(서울특별시소방재난본부 후원)은 1가정 당 최고 300만 원까지 지원합니다.

사례 발견 시 각 구 소방서, 행정복지센터, 지역 사회복지시설 등이 서울특별시사회복지협의회에 추천하면 심의를 거쳐 지원합니다.

서울특별시사회복지협의회 http://www.s-win.or.kr

시민이 꼭 알아야 할 주거복지 용어

가구 소득인정액은 소득평가액에 재산의 소득환산액을 합친 금액이다.

가구원의 수에 따라 기준 중위소득이 다르기에 가구원수를 확정 짓는 것이 중요하다. 가구원의 수는 세대별 주민등록표에 기재된 사람으로 대상자와 생계와 주거를 같이 하는 배우자, 2촌 이내의 직계존비속과 그 배우자이다.

건강보험료는 신청일 직전 12개월 평균하여 건강보험료 본인부담금 납입액으로 산정된다. 기준 중위소득 100% 이하의 사람은 2023년의 경우에 건강보험 직장가입자는 1인 가구 88,753원, 2인 가구 123,511원, 3인 가구 157,684원, 4인 가구 191,845원 이하 등이고, 지역가입자는 각각 26,673원, 68,365원, 121,134원, 151,504원 이하 등이다.

건물에너지효율화 융자지원은 에너지이용 합리화와 온실가스 감축을 위한 에너지절약설비 설치 시 시민 경제부담 완화를 위해 장기 저리로 융자 지원하는 것이다.

공공분양은 분양을 목적으로 공급하는 국민주택 규모(주거전용면적 85m² 이하) 이하의 공공주택이다.

공공임대와 주거환경임대는 정부가 무주택 시민을 위하여 건설한 주택으로서 도시·군계획사업과 주거환경개선사업 등으로 발생한 철거민 등에게 우선 공급하고 남은 공가를 공급하는 임대주택이다.

공공임대주택은 국가와 지방자치단체 혹은 토지주택공사 등 공공기관이 건립한 주택으로 민영주택에 비교하여 싸고 안정적이다. 입주자 모집공고일 현재 성년자인 무주택구성원으로서 유형별 소득과 부동산, 자동차 보유 기준에 해당되는 사람만 공공임대주택을 신청할 수 있다.

공공임대주택의 신청방법은 입주자 모집공고, 신청, 입주자 선정과 확인, 임대차 계약 체결, 입주 순이다. 모집공고는 사업주체의 홈페이지에 하고, 홈페이지를 통해 신청하면, 입주자저축 순위 및 자산, 소득 등으로 정한 입주자 선정기준에 따라 입주대상자를 선정한다. 홈페이지, ARS을 통해 당첨자 명단을 확인 후, 입주 자격 검증 결과 적합한 자는 임대차 계약을 체결하고 입주한다.

국민임대주택은 국가나 지방자치단체의 재정이나 주택도시기금의 자금을 지원받아 저소득 서민의 주거안정을 위하여 30년 이상 장기간 임대를 목적으로 공급하는 공공임대주택이다.

국민임대주택의 우선 공급 대상자는 철거민 등, 노부모 부양자, 장애인, 국가유공자 등, 장기복무 제대군인, 북한이탈주민, 납북 피해자, 중소기업 근로자, 비정규직 근로자, 가정폭력 피해자, 지원대상 한부모가족, 소년소녀가정 등, 65세 이상 고령자, 범죄 피해자, 탄광근로자, 해외거주 재외동포, 등록포로, 파독근로자, 다자녀 가구, 비닐간이공작물 거주자, 영구임대입주자중 자격상실자, 독립유공자, 저소득 근로 신혼부부 등이다.

금융재산은 은행 예금, 보험 등을 합친 금액이다. 기초생활보장제도에서 금융재산의 소득환산액은 생활준비금 500만원을 공제한 후 나머지 금액에 월 6.26%를 곱한 금액이다.

기존주택 매입임대주택은 국가나 지방자치단체의 재정이나 주택도시기금의 자금을 지원받아 기존주택을 매입하여 기초생활보장 수급자 등 저소득층과 청년 및 신혼부부 등에게 공급하는 공공임대주택이다.

기존주택 전세임대 수시접수는 기존주택을 전세계약을 체결한 뒤 저소득층에게 저렴한 가격에 재임대하는 '기존주택 전세임대'를 수시 접수하는 제도이다.

기존주택 전세임대에 공동생활가정도 입주할 수 있다. 대상자는 보호아동, 저소득장애인, 노인, 미혼모, 성폭력 피해자, 탈성매매여성, 가정폭력피해자, 가출청소년, 갱생보호자, 아동복지시설퇴소자, 북한이탈주민이 해당된다.

기존주택 전세임대의 신청절차는 기초생활보장 수급자 등은 공급신청서, 개인정보제공동의서, 자격증명서, 주민등록등본, 가족관계증명서, 신분증, 주거시급사유(본인), 현장실태조사(자치구)를 갖추어서 신청하면 된다. 원하는 시민은 행정복지센터에 신청하거나 보건복지콜센터(129) 등에 문의할 수 있다.

기존주택 전세임대의 1순위에 속하고 주거시급성이 인정되는 사람이 신청하면 입주할 수 있다. 1순위는 기초생활보장(생계·의료급여)수급자, 한부모가족, 주거지원 시급가구, 수급자 또는 차상위계층인 고령자, 장애인이다. 전체 가구원이 무주택자이고, 영구임대주택 입주자는 총 자산이 255백만 원(국민임대 입주자는 361백만원) 이하이며, 자동차는 3,683만 원 이하로 자산기준을 충족한 경우에만 지원받을 수 있다.

기존주택 전세임대주택은 국가나 지방자치단체의 재정이나 주택도시기금의 자금을 지원받아 기존주택을 임차하여 기초생활보장 수급자 등 저소득층과 청년 및 신혼부부 등에게 전대하는 공공임대주택이다.

기준 중위소득은 전체 가구의 소득순위에서 한 가운데에 있는 소득으로 기초생활보장 수급자 선정 등의 기준으로 활용되는데 매년 보건복지부장관이 공표한다.

긴급복지 위기사유는 주소득자가 사망, 가출, 행방불명, 구금시설에 수용 등의 사유로 소득을 상실한 경우, 중한 질병 또는 부상을 당한 경우, 가족구성원으로부터 방임 또는 유기되거나 학대 등을 당한 경우 등 매우 다양하다.

긴급복지지원은 갑작스러운 위기사유로 생계유지 등이 곤란한 저소득층에 대해 긴급하게 생계지원, 의료지원, 주거지원 등을 일시적으로 신속하게 하는 것이다. 긴급복지는 위기사유가 있고, 가구 소득이 기준 중위소득의 75% 이하이며, 금융재산은 600만 원(주거지원은 800만 원)을 넘지 않고, 금융재산을 포함한 전체 재산이 대도시는 241백만원(중소도시는 152백만원, 농어촌은 130백만원) 이하일 때 신청하면 받을 수 있다. 일부 지방자치단체는 위 기준보다 조금 높은 경우에도 지원하기도 한다.

긴급복지 지원내용은 주급여로 생계지원, 의료지원, 주거지원, 복지시설이용 등이 있고, 부가급여로 교육지원, 동절기 연료비, 해산비, 장제비, 전기요금 등이 있다.

긴급복지 지원절차는 위기 상황에 처한 가구가 보건복지상담센터나 시·군·구에 신청하면, 담당공무원이 현장 확인을 하고, 지원결정과 지급을 하며, 사후조사를 하고, 적정성 심사를 거쳐 적정하면 계속 지원한다. 적정하지 않으면 지원 중단한다.

내집마련 디딤돌 대출은 주택을 취득하기 위해 주택매매계약을 체결한 본인과 배우자의 합산 총소득이 연간 6천만 원(신혼가구 등은 7천만 원) 이하인 무주택 세대주가 주거 전용면적 85m² 이하인 5억 원 이하의 주택을 담보로 최고 2억 원(신혼가구는 2.2억 원)까지 대출받는 상품이다.

노숙인 임시주거지원사업은 거리노숙인 등에게 임시주거를 제공하여 만성적 노숙을 예방하고, 일자리·기초생활수급 연계 등을 통해 지역사회 복귀를 지원하는 사업이다.

노숙인 지원절차는 노숙인시설 등은 노숙인을 상시 발굴하여 신청접수하고 심의선정하며 입주지원과 사례관리를 일괄 지원한다. 운영시설은 거리상담과 내방을 통한 신청접수를 하고, 상담결과에 따른 점수표를 작성하고 심층상담을 통해 지원대상을 선정한다.

더나은 보금자리론은 기존 제2금융권의 변동금리 또는 만기 일시상환 방식의 주택담보대출을 고정금리 분할상환 방식으로 개선하기 위한 상품이다. 기존 대출의 잔액과 중도상환수수료 범위 내에서 최대 2억 원(미성년 자녀가 3명 이상이면 3억 원)까지 신청할 수 있다.

리모델링형 사회주택은 노후된 주택 혹은 비주택을 리모델링하여 재임대함으로써 주거환경을 개선하고 청년에게 안정된 주거를 제공하는 사회주택이다.

맞춤형 임대주택은 홀몸 어르신, 노인가구, 휠체어 사용자, 만성질환관리제도 대상자 등 주거복지 욕구가 큰 사람이 보다 편리하게 생활할 수 있도록 건설한 수요자 맞춤형 공공임대주택이다.

무주택세대구성원 세대원 전원이 주택 또는 분양권(입주권 포함) 등을 소유하고 있지 않는 세대의 구성원일 때만 무주택세대로 공공임대주택을 신청할 수 있다.

미혼한부모 주거비 지원사업은 자립의지가 있으나 저소득으로 주거가 불안한 미혼한부모에게 주거비를 지원하는 사업이다. 지원대상은 혼인기록이 없고, 사실혼 관계가 아니며, 아동을 양육중인 미혼한부모 중 기준 중위소득의 100% 이하 등이다.

버팀목 전세자금 대출은 주택임대차계약을 체결하고 임차보증금의 5% 이상을 지불한 무주택 세대주가 부부합산 총소득이 5천만 원 이하(신혼가구 등은 6천만 원 이하)이고 순자산이 361백만 원 이하이며 신용도 요건을 갖출 때 전세대출을 하는 제도이다.

보금자리론은 대한민국 국민이 부부기준 무주택자 혹은 1주택자(구입용도에 한하여 일시적으로 2주택자 허용)일 때 연소득 7천만 원 이하이고 신용도 요건을 갖추면 6억 원 이내의 주택을 담보로 3억6천만 원(미성년 자녀가 3명 이상이면 4억 원)까지 고정금리에 대출받는 제도이다.

보증금 지원형 장기안심주택은 무주택 시민의 안정적인 주거생활에 도움이 될 수 있도록, 전월세 세입자가 입주를 원하는 주택의 보증금 30%(보증금이 1억 원 이하인 경우 50%), 최대 45백만 원(신혼부부 특별공급은 60백만 원)을 최장 10년까지 서울특별시에서 지원하는 공공임대주택이다.

보호종료아동 주거지원 통합서비스는 보호종료아동 주거부담 완화와 심리적 지원을 통해 안정적으로 사회에 정착할 수 있도록 임대료와 맞춤형 사례관리를 통합 제공하는 것이다. 신청 자격은 아동양육시설, 공동생활가정, 가정위탁보호 종료 5년 이내 아동(청소년) 중 토지주택공사 매입임대·전세임대 주택 지원을 받아 거주 중인 계약 잔여기간이 최소 1년 이상인 사람이다.

비주택거주자 주거상향지원사업은 쪽방, 고시원, 비닐하우스 등 비주택에서 사는 주거취약계층 주거권 보장 대책의 하나로 비주택거주가구 등이 공공임대주택에 이주하고 정착하는 전과정을 지원하는 사업이다.

빈집살리기 프로젝트는 사업자가 6개월 이상 방치된 빈집을 발굴·확보하여 신청하면, 시에서 리모델링 비용의 최대 50%를 보조하여 시세 80%로 임대하는 사회주택이다.

사회적 주택은 주거비 경감과 안정적 주거지원을 위해 사회적 경제주체가 서울주택도시공사의 매입임대를 활용하여 운영하는 임대주택이다.

사회주택은 시민이 부담 가능한 임대료로 오랫동안 안심하고 살 수 있는 주택으로 사회적 경제주체가 공급하고 운영하는 임대주택이다. 운영주체는 입주자들이 주도적으로 공동체성을 회복할 수 있도록 다양한 커뮤니티 공간을 활용한 프로그램을 운영·지원한다.

사회주택리츠는 사회적 경제주체인 사업자가 서울사회주택리츠에 최소금액 이상 출자 후 리츠에서 매입한 시설을 리모델링하고 위탁관리와 입주자모집 등을 수행한다.

서울가꿈주택 사업은 저층주거지 노후주택에 대한 집수리비용 지원을 통해 주택성능을 개선하고, 주민 스스로 주택을 수리하고 가꾸는 문화를 확산시켜 양질의 주거환경 조성과 도시미관 증진에 기여하는 사업이다.

서울청년월세지원사업은 서울 청년이 보다 나은 주거환경 확보로 삶의 질을 높이고 주거비 부담을 완화하여 생애 다음 단계로 성장하도록 지원하는 사업이다. 서울 거주 청년 1인 가구의 소득이 기준 중위소득의 120% 이하일 때 신청을 받아 선정한다.

서울형 긴급복지지원은 국가가 만든 긴급복지지원에서 사각지대가 있기에 이를 서울시 차원에서 보완하려는 것이다. 지원대상은 가구 소득이 중위소득의 85% 이하이고, 금융재산은 1000만 원 이하이다.

서울형 임차보증금 지원사업은 서울시 내 거주하는 주거위기 취약계층 가구의 세대주(기준 중위소득의 120% 이하)에게 주거비(임차보증금) 600만원까지를 지원하는 것이다.

서울형 주택바우처는 국민기초생활보장 수급자(교육급여 수급자는 제외)와 공공임대주택에 거주하지 않는 사람 중 '주거급여 비수급자'인 저소득층의 주거비 부담을 경감시켜주는 제도이다. 일반바우처와 특정바우처 그리고 반지하 거주가구 이전 지원으로 나뉜다.

성년자는 민법상 19세 이상인 사람이다. 다만, 미성년자가 자녀를 양육하거나, 직계존속이 없어 형제자매를 부양하거나, 외국인 부모와 미성년자로 구성된 한부모가족인 경우에는 공공임대주택을 신청할 수 있다.

소득기준액은 가구원수에 따라 다르고, 공공주택의 종류에 따라 기준액의 50%,

70%, 100%, 120%, 140%, 150% 등을 적용한다. 맞벌이 가구는 홑벌이보다, 신혼부부 등은 다른가구보다 더 높은 비율을 적용받는다. 소득기준액은 통계청의 분기별 가계소득동향 합계의 산술평균으로 매년 달라진다.

소득 심사 과정은 신청자가 신청하면, 사회보장정보시스템을 통해 전체 세대구성원의 소득과 자산자료를 조사한다. 소득과 자산심사 결과를 알려주고 소명대상을 통보하면, 신청자가 소명을 접수하고, 소명사항의 반영여부를 결정하여 당첨자를 발표한다. 상시근로자의 소득은 '국민건강보험공단 자료'를 우선 반영하고, 정부와 공공기관은 사회보장정보시스템의 자료를 우선 적용한다.

소득평가액은 세대주와 세대원이 번 모든 근로소득, 사업소득, 재산소득, 이전소득을 합친 금액 중 일부를 공제한 금액이다. 기초생활보장제도에서 근로소득의 소득평가액은 세금이나 사회보험료를 공제하기 전 근로소득에서 30%를 공제한 금액을 말한다.

쇼셜믹스복합단지는 청년, 신혼부부, 예술인, 한부모 가족, 홀몸어르신 등 입주자간 소통과 교류를 통한 생활문제를 해결하고 공동체 활동을 함께하는 새로운 형태의 주택으로 소규모 공동주택 안에 독립된 공동체 공간을 갖추고 있고, 공동체주택 관리 규약이 마련된 주택이다.

수선유지급여는 주택노후도 등 주택 상태를 종합 점검하여 보수 범위를 경·중·대보수로 차등 적용하여 최저주거기준 보장을 강화할 뿐만 아니라 양질의 주택재고 확보에도 기여하는 것이다.

승용차는 기초생활보장 수급자 등이 소유한 승용차, 승합차, 화물차 등 모든 차량을 말한다. 기초생활보장제도에서 승용차의 소득환산액은 차량 가격에 월 100%를 계산한다. 단, 10년 이상 된 경차, 등록장애인이 쓰는 차량, 생업을 위한 차량은 '일반재산'으로 간주된다.

신혼부부는 혼인중인 사람으로 혼인기간이 7년 이내인 사람이고, 예비신혼부부는 혼인을 계획 중이며 해당 주택의 입주 전까지 혼인사실을 증명할 수 있는 사람이다. 혼인 기간이 7년 이상이라도 6세 이하 자녀가 있으면 신혼부부로 간주된다.

신혼희망타운은 육아와 보육에 특화하여 건설하고, 전량을 신혼부부에게 공급하는 공공주택이다. 국토교통부는 교육·건강·안전에 최적화된 주거서비스 공간 조성하고, 2022년까지 15만호를 공급할 예정이다.

아동주거빈곤가구 매입임대주택은 최저주거기준을 미달하는 주거환경에서 만 18세 미만의 아동과 함께 거주는 주거취약계층에게 공급하는 매입임대주택이다. 최저주거기준 미달은 용도별 방의 개수 미달 또는 전용 입식부엌, 전용 수세식화장실 미설치 등으로 판단한다.

여성안심주택은 범죄에 노출되기 쉬운 1인 여성가구의 안전과 생활패턴을 반영한 수요자 맞춤형 임대주택이다. 무인택배시스템, 수도검침 외부에서 처리, 세대별 24시간 비상벨 등 여성의 안전고려, 여성용 신발·의류 보관을 위한 높낮이가 다른 가구배치로 실용성을 추구한다.

역세권청년주택은 무주택 대학생, 청년과 신혼부부의 주거안정을 위하여 민간과 공공이 협력하여 대중교통 중심 역세권에 공급하는 임대주택이다.

영구임대주택은 국가나 지방자치단체의 재정을 지원받아 최저소득 계층의 주거안정을 위하여 50년 이상 또는 영구적인 임대를 목적으로 공급하는 주택이다. 1989년부터 1992년까지 19만호가 건설되었다.

우체국공익재단-복지등기우편사업은 복지등기우편을 통해 복지사각지대 대상자를 발굴하여 시·군·구 공공기관에 명단을 회신하고, 회신을 받은 지자체에서 대상자를 확인하여 자원을 연계하고 있다.

의료안심주택은 무장애시설이 설치되어 있고, 의료시설 인근지역에 건설되어 의료서비스 이용의 편리성을 제공한다.

일반재산은 주택, 토지, 전세보증금 등을 합한 것이다. 기초생활보장제도에서 일반재산 중 일정액(서울 9,900만원, 경기 8,000만원, 광역 7,700만원, 그 외 지역 5,300만원)을 공제하고 남은 금액에 월 4.17%를 곱해 소득환산액이 산출된다.

입주자 사례관리에는 행정지원, 취업지원, 방문상담 등이 포함된다. 행정지원은 주민등록 복원, 기초생활보장 수급신청, 장애인 등록 등이고, 취업지원은 구직 등록, 면접과 급여 수령 이전, 출근교통비 지원 등이며, 방문상담은 정기적인 방문·시설 내방 상담, 입주자 사례관리가 포함된다.

장기전세주택은 국가나 지방자치단체의 재정이나 주택도시기금의 자금을 지원받아 전세계약의 방식으로 공급하는 공공임대주택이다. 중산층, 실수요자를 위해 주변 전세 시세의 80% 이하로 최장 20년까지 거주 가능한 장기임대아파트이고, 건설형과 재건축·역세권 등 매입형이 있다.

재개발임대 특별공급은 재개발정비사업구역에 거주하는 무주택세대주인 철거세입자 등에게 특별공급하는 임대주택이고, 일반공급은 남은 공가를 저소득계층의 주거안정을 위해 공급하는 임대주택이다.

재산의 소득환산액은 재산을 월소득으로 환산한 금액이다. 재산은 크게 일반재산(그중 일부는 주거용 일반재산), 금융재산, 승용차로 나뉘고, 각기 재산을 소득으로 환산한다. 기초생활보장제도에서 소득환산율은 일반재산은 공제후 월 4.17%(주거용 일반재산은 월 1.04%), 금융재산은 월 6.26%, 승용차는 월 100%이다.

저소득층 에너지효율개선사업은 저소득층 노후주택의 보일러, 창호, 단열, 바닥공사를 지원하여 에너지 효율을 개선하고 난방에너지 공급기반을 마련하는 것이다.

저소득층 장애인 주거편의시설 사업은 장애인의 가정 내 일상생활과 활동에 불편을 해소하기 위해 맞춤형 주거편의시설(집수리)을 지원하는 사업이다.

전세자금 보증은 은행에서 전세자금 대출을 받고자 할 때 담보로 공사보증서가 필요한 경우 이용하는 상품이다.

전세자금 보증특례는 청년전용, 사회적 배려 대상자, 신용회복지원자, 징검다리 전세, 정책서민금융이용자, 목돈만드는전세, 영세자영자 등을 위한 전세자금 보증에 대한 특례이다.

주거급여는 가구 소득인정액이 기준 중위소득의 47% 이하인 사람이 '복지로'나 읍·면·동 행정복지센터에 신청하면 주거급여 수급자로 선정되어 받을 수 있다. 주거급여는 거주지역과 가구원수에 따른 표준월세와 주택수선비 지원이 있다. 주거급여 수급자는 부양의무자 기준이 없다.

주거급여의 신청은 복지로 홈페이지나 휴대폰으로 복지로 앱에 접속하여 신청하거나 거주지 읍·면·동 행정복지센터에서 할 수 있다. 당사자가 복지로 홈페이지나 앱에서 본인인증을 하고 주소, 가족관계, 소득, 재산 등을 기록한 후에 신청하기를 누르면 된다.

주거급여의 액수는 사는 지역과 가구원수에 따라 달라진다. 지역은 서울, 경기·인천, 광역시·세종시, 그 외 지역으로 나뉘고, 가구원수가 1인일 때보다 2인, 3인, 4인 이상으로 늘어나면 더 많이 받는다.

주거사다리 지원사업은 쪽방, 비닐하우스 거주자, 가정폭력 피해자, 아동빈곤가구 등 주거취약계층의 주거안정과 주거수준의 향상을 위해 저렴한 임대주택 지원이다.

주거안정 월세대출은 주택임대차계약을 체결하고 임차보증금의 5% 이상을 지불한 무주택 세대주가 부부합산 순자산이 361백만 원 이하이고 신용도 요건을 갖출 때 월세대출을 신청하는 제도이다.

주거약자는 국민임대주택의 일부를 우선 공급받는다. 주거약자는 65세 이상 고령자, 등록장애인, 국가유공자로서 상이등급 1급부터 7급까지, 보훈대상자로서 상이등급 1급부터 7급까지, 5·18민주화운동부상자, 고엽제후유의증환자로서 경도장애 이상 중 하나 이상에 해당자이다.

주거용 일반재산은 월세 보증금, 전세 보증금, 자가 매매가 등을 말한다. 주거용 일반재산의 소득환산액은 주거용 재산에서 일정액(서울 172백만원, 경기 151백만원, 광역 146백만원, 그 외 지역 112백만원) 범위에서 1/4(1.04%)를 계산한다.

주거취약계층 임차자금 지원사업은 주거취약계층의 열악한 주거 환경 개선을 위해 월세와 임시 주거비를 지원하는 것이다. 지원대상은 국민기초생활보장 수급자와 차상위계층 가구, 화재 풍수해 철거 등과 같은 위기 상황으로 인해 퇴거 위기에 놓여있는 가구, 쪽방 고시원 여인숙 비닐하우스 컨테이너 노숙인복지시설 등 열악한 주거환경에서 3개월 이상 거주한 사람이다.

주택개량과 신축 공사비 융자지원은 노후 불량 저층주거지 주거환경개선 촉진과 주민 스스로의 주택개량 활성화 도모를 위한 융자지원제도이다.

주택금융은 여러 금융기관이 취급하는 다양한 주택금융상품을 포괄하는 낱말인데, 주택월세자금 대출, 주택전세자금 대출, 주택구입자금 대출, 주택보증, 주택연금 등으로 구분할 수 있다.

주택노후도는 주택의 경과 년수가 오래되고 낡아서 주택이 제 성능을 발휘하지 못하는 정도를 말하며, 일반적으로 구조 안전, 설비 상태, 마감상태 등의 성능을 기준으로 그 정도를 판단한다.

주택연금은 55세 이상 대한민국 국민(주택소유자 또는 배우자)이 소유주택을 담보로 맡기고 평생 또는 일정한 기간 동안 매월 연금방식으로 노후생활 자금을 지급받는 국가보증의 금융상품(역모기지)이다.

지원주택은 신체적 또는 정신적 문제로 자립생활을 유지하기 위해 지원이 필요한 이들을 위하여 임대주택 공급시 개인별 맞춤형 주거유지지원서비스를 함께 제공하는 주택이다.

집주인임대는 주택도시기금 지원, 세금감면 등 공공지원을 바탕으로 민간이 소유한 주택을 토지주택공사에 위탁임대하고, 토지주택공사는 무주택자 또는 무주택세대구성원을 대상으로 공급·운영하는 임대주택이다.

청년전용 버팀목 전세자금 대출은 무주택 청년 세대주가 부부합산 총소득이 6천만 원 이하이고 순자산이 361백만 원 이하이며 신용도 요건을 갖출 때 임차보증금 7천만 원 이하의 집에 연 1.5%~2.1%로 대출하는 제도이다.

청년전용 보증부 월세대출은 무주택 청년이 임차 전용면적 60m² 이하 주택을 임차보증금 5천만 원 이하와 월세금 70만 원 이하일 때 월세 대출을 신청하면 보증금은 연 1.3%와 월세금은 연 1.0%로 대출하는 제도이다.

총자산·부동산·자동차 기준액은 공공임대주택의 종류마다 조금씩 다르다. 저소득층에게 우선 공급하려는 주택은 총자산·부동산·자동차 기준이 낮고, 좀 더 자산 능력이 있는 사람이 입주할 수 있는 주택은 기준을 완화시켰다.

토지임대부 사회주택은 공공에서 토지를 민간에 장기간(30년 이상) 저렴하게 빌려주면 민간사업시행자가 건물을 지어 시민에게 저렴하게(시세의 80%) 장기간 임대하는 주택이다.

토지지원리츠는 사회적 경제주체인 사업자가 서울사회주택리츠에 최소금액 이상 출자 후 리츠에서 임차한 소규모 공공부지에 사회주택 설계·시공 후 위탁관리를 한다.

폭력피해여성 주거지원사업은 가정폭력·성폭력 등 폭력피해여성들의 자립을 지원하고 사회적응 여건을 조성하고자, 폭력 피해여성과 그 가족들이 공동으로 생활할 수 있는 주거공간을 제공하는 것이다.

행복주택은 국가나 지방자치단체의 재정이나 주택도시기금의 자금을 지원받아 대학생, 청년, 신혼부부 등 예비신혼부부와 고령자, 주거급여 수급자, 산업단지 근로자, 기존 거주자의 주거안정을 목적으로 공급하는 공공임대주택이다.

희망드림하우스는 화재피해를 당한 저소득 가정에 주택복구(집수리) 등을 지원함으로써 대상자가 빠른 생활안정을 찾고 삶의 질을 높일 수 있도록 하는 사업이다.

희망온돌 취약계층 위기가구 지원사업은 서울시 거주 기준 중위소득 120% 이하로 긴급한 지원이 필요한 취약계층에게 가구당 1항목 100만 원 이하를 지원한다.

희망하우징은 서울주택도시공사에서 건설한 공공기숙사를 서울 소재 대학교에 재학 중인 학생에게 저렴하게 공급하는 대학생 전용 임대주택이다.

이용교

중앙대학교와 동 대학원에서 사회복지학을 전공하여 문학박사를 취득하였다. 한국복지정책연구소와 한국청소년정책연구원에서 연구위원으로 일하였고, 광주대학교 사회복지학부 교수로 재직하며, 한국복지교육원을 운영하고 '복지평론가'로 활동한다.

주요 저서로 한국청소년복지의 현실과 대안(1993), 한국청소년정책론(1995), 재미있는 자원봉사 길라잡이(1996), 청소년인권 보고서(1997), 복지는 생활이다(2001), 디지털 복지시대(2004), 한국사회복지론(2012), 산티아고 가족여행(2012), 알아야 챙기는 복지상식(2018), 대한민국 복지상식(2020), 디지털 사회보장론(2020), 활기찬 노년생활(2020), 국민연금상식(2020), 디지털 사회복지학개론(2020), 디지털 청소년복지(2021), 건강보험상식(2021), 복지사각지대 예방과 발굴(2023년) 등 50여권이 있다.

한국청소년복지학회 회장, 국제사회복지학회 회장, 글로벌청소년학회 회장, 한국지역사회학회 회장을 역임하였고, 한국사회복지학회 총무위원장, 한국사회복지교육협의회 이사, 광주광역시사회복지사협회 회장, 사회보장위원회(위원장 국무총리) 위원으로 일하였다. 현재 한국사회복지역사학회 회장으로 활동하고 있다.

이메일　ewelfare@hanmail.net
카페　http://cafe.daum.net/ewelfare

이 연구는 2023년도 광주대학교 대학 연구비의 지원을 받아 수행되었음

알아야 챙기는

주거복지상식

저자 · 이용교

발행인 · 이명묵
편　집 · 이현정

1쇄 펴낸날 · 2021.11.15.
2쇄 펴낸날 · 2023. 7.13.
펴낸곳 · 도서출판 인간과복지
신　고 · 제 2019-000007 호
주　소 · 경기도 파주시 회동길 145
아시아출판문화정보센터 301호
전　화 · 02-383-0743
팩　스 · 02-382-3486
이메일 · hwbook22@daum.net
카　페 · https://cafe.daum.net/hwbook1

값 · 10,000원

ISBN 978-89-8007-222-4 03000